DEN HIMMEL
AUF ERDEN

nachhaltig und friedvoll für Lebensqualität

.

Wenn das Leben keine Vision hat,
nach der man sich sehnt, die man verwirklichen möchte,
dann gibt es auch kein Motiv sich anzustrengen.

Erich Fromm

Die Welt hat genug für jedermanns Bedürfnisse,
aber nicht für jedermanns Gier.

Mahatma Gandhi

Buch
Gedanken, Wünsche und Visionen von
Friede, Gerechtigkeit,
Bewahrung der Schöpfung und der Menschenwürde

Den Himmel auf Erden werden wir nicht schaffen, aber es gibt viele Möglichkeiten, um ihm näher zu kommen.

Wir können eine wunderbare Lebensqualität schaffen, wenn wir unsere Lebenseinstellung etwas verändern.
Eine Person allein kann nicht die ganze Welt retten, aber jeder kann einen Teil dazu beitragen.

Als Frau und Mutter fühle ich mich verantwortlich, eine wünschenswerte Lebensqualität zu erreichen und bemühe mich seit Jahren, den Kindern und Enkelkindern eine menschenwürdige und lebenswerte Welt zu hinterlassen, wenn ich abtrete.

Was ich bisher dafür gemacht habe, will ich teilweise in diesem Buch weitergeben und wünsche mir, damit Mut zu machen und Zuversicht zu vermitteln.

Es sind meine eigenen Erfahrungen und meine Lebensweise. Ich möchte Empfehlungen nur weitergeben, aber keine Vorschreibungen oder Vorhaltungen machen. Schon gar nicht, mich über Sie erheben. Was ich jedoch gerne mache ist, Fröhlichkeit einbinden, denn mit Humor geht alles leichter.

Ilse Jedlicka
1210 Wien
E-Mail: jedlicka@hausdesfriedens.at
http://www.problemeblockaden.org
Juli 2020/Nov.2021

Herstellung und Verlag:
BoD – Books on Demand, Norderstedt

9 783751 933827

Inhalt

DEN HIMMEL AUF ERDEN
Erfolg

Wir haben viele Möglichkeiten, beizutragen, dass wir dem Himmel wieder näherkommen. Ich schreibe von einigen meiner Aktivitäten und Beiträge. Wahrscheinlich fallen Ihnen welche ein, an die ich gar nicht dachte und ich bin überzeugt, Sie können es besser als ich.

Auf jeden Fall möchte ich Ihnen Mut machen, dass Sie sich im Internet NGO`s (Nicht staatliche Organisationen) heraussuchen, bei denen Sie mitmachen oder Ihre Ideen einbringen können. Auch für Sterbebegleitung sowie Besuchsdienste, oder als Leih-Oma/Opa können Sie sich anbieten. Es gibt noch vieles, um „die Welt zu verbessern" bzw. Erfolg damit zu haben.

Erfolg
Wenn du oft und viel lachst.
Dir intelligente Leute Respekt entgegenbringen.
Du die Zuneigung von Kindern gewinnst.
Die Würdigung ehrlicher Kritik verdienst
und den Vertrauensbruch falscher Freunde überstehst.

Schönheit würdigst
und das Beste in den anderen Menschen findest.
Du die Welt ein wenig besser verlässt,
sei es durch ein Kind, ein Stück Land
oder einen wiederhergestellten gesellschaftlichen Stand.

Du weißt, dass es jemanden besser ging
weil du lebst.
Dann hast du Erfolg

Autor unbekannt

David gegen Goliath

Ich glaube, jeder weiß was gemeint ist, wenn man sagt: „David gegen Goliath." Trotzdem will ich näher erklären, woher dieser Satz kommt. In der Bibel im Alten Testament bei 1 Sam 17, wird geschrieben. Ein Hirtenjunge, also wahrscheinlich ein schmächtiger Bub, der die Schafherden hütete und keine Ahnung vom Kämpfen hatte erfährt, dass sein Land von einem riesengroßen Heer, mit dessen Vorkämpfer Namens Goliath bedroht wird.

Selbstverständlich war Goliath als Vorkämpfer ein Riese von Mann. Stark, kräftig und im Kämpfen geübt - und - er hatte einen Helm auf und ein Kettenhemd zu seinem Schutz an. Auch seine Beine hatten „bronzene Schienen". Er hatte eine stählerne Lanze und ein Schwert.

David als Hirtenjunge hatte keine Waffen und wahrscheinlich nicht einmal Schuhe an. Die einzige Waffe, die er bei sich hatte, war eine Steinschleuder. Ich kenne sie aus meiner Kindheit. Eine kleine Astgabel mit Gummizug und Leder zwischen dem Gummi. Auf dieses Leder legt man den Stein, hält das Leder samt dem Stein mit Daumen und zwei Fingern fest, spannt den Gummi, zielt, und lässt das Leder mit dem Stein los. Zu Goliaths Zeiten gab es keinen Gummi, daher glaube ich, dass er eine sogenannte Wurfschleuder benutzt hatte.

Doch was mir sehr wichtig erscheint ist, dass David ein starkes Gottvertrauen hatte.

David ging auf Goliath zu, nahm einen Stein aus seiner „Jausen-Tasche" in der er einige Steine hatte und die er wie jeder Hirtenbub immer umgehängt trug. Diesen Stein schleuderte er mit seiner Schleuder gegen Goliath und dieser fiel tot um.

Ich erzähle ihnen diese Geschichte, weil ich mir bei allem was ich in diesem Buch schreibe, wie David gegen Goliath vorkomme.

Wertschätzung

Wenn ich meinen Wert als zu gering einschätze, habe ich das Gefühl, nicht die Leistung zu erbringen, dass ich anderen Menschen helfen bzw. „genügen" kann.

Nachdem ich 1998 den eingetragenen Verein: „Arbeitsgemeinschaft Haus des Friedens" als ehrenamtliche Obfrau übernommen habe, bekam ich auch die Aufgabe, ehrenamtliche Begleiter und Begleiterinnen in die Tätigkeit als Lebensbegleiter/innen bis zum Tod, kurz gesagt, als Sterbebegleiterin und Begleiter einzuführen. Es waren nicht nur neue Begleiter anwesend, sondern immer auch welche, die diese Tätigkeit schon lange Zeit ausübten. Jene, die ich ermunterte die Obfrauen-Stelle zu bekleiden und, wenn sie meinten sie würden das nicht schaffen, versprach ich ihnen sie dabei zu unterstützen. Trotzdem wollte niemand. Da es damals in Wien noch kein Hospiz gab und ich es für sehr wichtig empfand, Menschen beim Sterben zu begleiten, übernahm ich dann selbst ehrenamtlich die Stelle als Obfrau. Monatlich musste ich einen Vortrag halten und fühlte mich dabei immer unwohl, weil ich dachte, was ich erzähle kennt doch jeder. Meine Unsicherheit forderte manche heraus, um mich zu verletzten. Das heißt, ich fühlte mich verletzt, vielleicht hatten sie gar nicht die Absicht es zu tun. Da hatte ich eines Tages die Idee und ersuchte Senta, den Vortrag zu beobachten, um mir zu sagen, was ich falsch mache.

Senta war eine Dame, die bei der Vereinsgründung 1982 schon dabei war, aber inzwischen mit der Begleitung so wie die Vereinsgründerin selbst, aus Altersgründen aufgehört hat.

Was sie mir anschließend sagte, hat mich sehr gestärkt und ich bin daher zukünftig anders damit umgegangen. Ihre Worte waren folgende: „Ilse, du bist zu gutmütig. Du hast in den Jahren so viele Ausbildungen gemacht, dass du mehr weißt und kannst als alle die hier waren. Doch die machen dich fertig, wenn du selbst deinen Wert nicht erkennst."

Daraufhin habe ich die bisherigen Räumlichkeiten des Vereines aufgegeben. Die Einzelgespräche machte ich in meinem eigenen Büro und für Vorträge und Weiterbildungen bekamen wir mit Terminabsprache einen kostenlosen Seminarraum eines Seniorenheimes zur Verfügung gestellt. Diese Umstellung, aber besonders die Bewertung von Senta, gab mir ein Selbstwertgefühl und Selbstsicherheit. Seither bin ich nicht so leicht verletzbar. Das hat mir gezeigt, wie wichtig es ist, genug Selbstwertgefühl zu haben. Dadurch wird man auch nicht überheblich.

Ausnahmezustand

Ein Virus hat die ganze Welt in einen Ausnahmezustand versetzt. Dieser Ausnahmezustand war für mich nicht schlimm, solange ich die Wohnung nicht verlassen habe.

Nachdem ich vor etwa 25 Jahren ein Seminar für Katastrophenhilfe besucht habe, ist bei mir alles bis zum Trinkwasser vorrätig. Auch Gesichtsmasken hatte ich einige zu Hause. Das Einzige, das mir in der zweiten Woche ausging, war die schwarze Druckerfarbe. Da ich meinen Vorrat durch das mehrmalige Ausdrucken eines Buches, das ich im April zur Veröffentlichung freigab, aber vorher von einigen Personen „Probelesen" und korrigieren ließ, verbraucht habe. Nachdem mir aber mein Nachbar angeboten hat mir Besorgungen zu machen, ersuchte ich ihn um den Kauf von Druckerpatronen, die zum Glück bei Interspar, der wegen der Lebensmittel geöffnet hatte, zu kaufen waren. Ich merkte allerdings, dass weniger Autos fuhren. Normalerweise musste ich, wenn ich das Fenster gekippt hatte, auf einer Kommode im Wohnzimmer täglich mindestens einmal staubwischen. Das war nun nicht nötig. Nach drei Wochen lag noch immer kein Staub auf der Kommode, sie glänzte wie neu gekauft.

Erst, als die Lockerung ausgesprochen wurde und ich einige Erledigungen machte, unter anderem beim Arzt Medikamentenrezepte holen wollte, spürte ich eine beängstigte Situation. Ich dachte: „Es ist als wäre Krieg." Ich durfte gar nicht in die Praxis und musste telefonisch die Rezepte bestellen. Doch um telefonisch durchzukommen wurden meine Nerven sehr beansprucht. Aber auch die Medikamente waren bei mir noch nicht knapp.

Jetzt verstehe ich erst, was ich vor zwanzig Jahren noch nicht verstanden habe. Wir Begleiter wunderten uns oft und verstanden es nicht, warum unsere Klienten mengenhaft Medikamente horteten. Die Menschen welche ich z.B. begleitete, hatten den 2. Weltkrieg erlebt und wollten daher alles vorrätig haben. Daher waren bei der Corona-Pandemie z.B. WC-Papier, Hefe, Mehl und noch einige speziellen Waren schon in den ersten Tagen ausverkauft.

Bei Telefonaten und SMS betonte ich immer wieder, dass ich das Gefühl habe, das musste kommen, um etwas zu verändern. Ich danke Gott, dass es durch einen Virus geschieht und nicht durch Krieg. Was mir sehr wichtig ist, sind „Die richtigen Worte" zu wählen. Denn jedes Wort, sogar jeder Buchstabe ist Energie. Wenn wir uns folgendes vorstellen. Zu Ihnen sagt jemand: „Du bist ein Wahnsinn.", weil er sagen will: „Du bist großartig." Das Wort „Wahnsinn" bedeutet aber, dass sie geistesgestört sind und nicht großartig. Das gilt auch für „toll". Beides für Lebewesen und Sachen/Dingen. Wenn man z.B. von einem Auto sagt: „Das ist aber toll." Will man damit sagen, dieses Auto kommt aus der Psychiatrie, oder wurde von einem tollwütigen Hund gebissen?

Hat unsere negative Wortwahl den Wahnsinn, den wir zurzeit durch Corona erleben, herbeigeführt? Beim Turmbau zu Babel im Alten Testament, wird auch eine Verwirrung von Sprache, die durch Worte entstand, geschrieben.

Pfingstgedanken

Pfingsten, das Fest der feurigen Zungen als Zeichen für Verständigung unter den Völkern. Jedes Jahr feiern wir das Fest, das heißt wir feiern es nicht, sondern wir zweckentfremden es eigentlich für Ausflüge und Kurzurlaube. Ich wünsche mir, dass wir uns zu diesem Fest damit auseinandersetzen, was wir zur Verständigung der Völker beitragen können. Es wird für mich wahrscheinlich immer nur ein Wunsch bleiben, denn in all den Jahren als Friedensaktivistin bzw. als NGO-Angehörige (nicht staatliche Organisation), habe ich an vielen Friedenskonferenzen teilgenommen, sogar weltweit, und selten bin ich Menschen begegnet, die ich aus dem Privatleben kannte. Das heißt, fast niemand außer einigen friedensengagierten Menschen hat sich für die Verständigung unter den Völkern interessiert.

Besonders betroffen macht mich das Verhalten der röm. kath. Kirche, von der die Pfingstbotschaft doch ausgeht. Die Priester predigen an diesem Feiertag besonders gern und lange, aber so leid es mir tut, ich habe das Gefühl der Großteil der Priester bis hin zum Papst Benedikt deswegen, weil sie sich gerne reden hören, anstatt dass sie sich mit dem Kirchenvolk auseinandersetzen und gemeinsam völkervereinende Maßnahmen ausarbeiten und auch ausüben.
Wahrscheinlich bleibt das eine meiner Visionen, denn wie könnten Menschen die Liebe verbieten oder unterdrücken anstatt sie vorzuleben, Liebe weitergeben. Es geht nämlich nur um die Liebe.

Sprachtalent

Die Liebe ist sehr oft ohne Worte völkerverbindend. Ich habe kein Sprachtalent. (Ich habe Probleme mit deutsch, erst recht mit anderen Sprachen.) Englisch kann ich ein klein wenig und ich sage lachend: „Spätestens beim 3. Satz denke ich über den 2. so lange nach, dass ich den 1. schon vergessen habe."

Wahrscheinlich ist das der Grund, dass ich Menschen mit dem Herzen verstehe. Das wirkt sich in meinem jetzigen Beruf als Humanenergetikerin besonders aus, weil ich fühle, was in meinen Klienten vor sich geht.

Vor fast 30 Jahren war ich mit einer Bekannten eine Woche in Rom. Sie machte vorher noch einen Schnellkurs: italienisch, weil sie, wie sie sagte sehr sprachbegabt war. Trotz ihrer Englisch- und Italienischkenntnisse verstand ich oft besser was uns gesagt wurde als sie.

Ein Beispiel: Wir kauften in einem kleinen Handarbeitsladen gestickte Decken und fragten die Verkäuferin anschließend um den Weg, nach, ich weiß nicht mehr wohin. Die Verkäuferin und ich unterhielten uns und ich kannte den Weg. Meine Bekannte fragte mich, weshalb ich verstanden habe, was die Verkäuferin uns erklärt hat, aber ich wusste es selbst nicht. Hätte ich das Ziel, um das wir fragten nicht gefunden, wäre es verständlich für meine Bekannte gewesen, doch wir kamen da an, wo wir hinwollten. Das wiederholte sich einige Male und meine Bekannte staunte immer aufs Neue. Ebenso ging es mir in einigen anderen nicht deutschsprechenden Ländern, wo ich jeweils ohne Reiseleitung unterwegs war.

Vor einigen Jahren lebte in der Nachbarwohnung eine afrikanische Familie. Der Mann sprach deutsch, doch die Frau konnte kein Wort Deutsch, auch nicht englisch. Eines Tages läutete sie an meiner Tür, tränenüberströmt und sich den Bauch haltend, sie war nämlich hochschwanger. Es war ein wunderbares Erlebnis, ohne Sprache für sie da zu sein. Wie bekannt ist: „Die Liebe braucht keine Worte." Streicheln, trösten und „Energie geben" kann man auch wortlos. Fast hätten wir gemeinsam das Baby zur Welt gebracht, sie hatte mich wohl erst sehr spät geholt. Im letzten Moment kam die Rettung. Der glückliche Vater, den ich verständigt hatte, brachte mir noch am gleichen Tag ein Foto des gesunden Babys.

Zeitalter des Wassermannes
1997

Wir gehen in das Zeitalter des Wassermannes. Elisabeth Rölli, die einige von uns (Mitglieder der Arbeitsgemeinschaft Haus des Friedens) durch die Ausbildungen kennen, hat uns Zuversicht und Mut zur positiven Lebenseinstellung auf den Weg mitgegeben. Sie meinte, dieses Zeitalter wird viele Veränderungen bringen, die aber ohne weiteres positiv sein können.
Der Fall der Berliner Mauer ist z.B. schon ein Zeichen dafür. Weiters sagte sie, dass sich viele Gruppen bilden werden, die das „Gute" in der Welt fördern.

Meine Äußerung dazu war, dass ich beobachte, wie die Gruppen, die sich für Frieden, Gerechtigkeit, Bewahrung der Schöpfung und der Menschenwürde einsetzen, immer mehr werden. Unsere Vereinsgründerin Isabella Benning hat vor 14 Jahren den Verein „Arbeitsgemeinschaft Haus des Friedens" ich möchte sagen, geöffnet. Damals war das noch etwas Besonderes. Für Wien einmalig. Heute wachsen Teams, die das gleiche Ziel haben wie wir, wie Pilze aus dem Boden, die meisten allerdings gegen Bezahlung.

Eine Aufforderung für dieses Zeitalter ist: Weiterleiten von Erfahrungen und Erlebnissen. In der Bibel schreibt Jesus Sirach im Alten Testament schon, dass wir die Pflicht haben, unser Wissen weiterzugeben. Das bestärkt meine Meinung, wir müssen viel mehr beten und miteinander reden. Kein bla, bla, sondern das richtige Wort zur rechten Zeit.

Werte haben Namen

Es wird oft über wahre Werte gesprochen, aber nicht ausgedrückt, was damit gemeint ist.

Ich will Ihnen meine Gedanken darüber unterbreiten und Sie anregen, über Ihre Meinung nachzudenken.

MENSCHENWÜRDE

Die Würde des Menschen ist unantastbar - so steht es in der Menschenrechtskonvention.

Menschenwürde bis zuletzt - das heißt - Euthanasie ist verboten.

Stattdessen ist Begleitung bis zum Tod menschenwürdig.

Damit ist auch das Ungeborene Leben geschützt und Abtreibung geächtet.

Anders mit Verhütung, weil da noch kein Leben getötet wird sondern verhindert.

FREIHEIT

Wenn wir von Freiheit sprechen, meinen wir, dass man die Wahl hat etwas zu entscheiden, doch meine Tochter Kathi hat folgendes über Freiheit geschrieben:

Freiheit bezeichnet eine abstrakte Idee, die absolute Freiheit von jeglichen Schranken bedeutet, sich um nichts mehr kümmern zu müssen, keine Fragen mehr bedenken zu müssen, Gut und Schlecht nicht mehr abwägen zu müssen.

Genaugenommen können wir uns eine absolute Freiheit gar nicht vorstellen; sie müsste die Auflösung aller uns bekannten Gesetze bedeuten, angefangen bei den physikalischen und ethischen und letztlich aller Wünsche, Triebe und Gedanken. Kurz: Sie würde entweder im Chaos oder, was wahrscheinlicher ist, im Nichts enden.
Man kann also sehen, dass es die absolute Freiheit nicht gibt oder sie zumindest für den menschlichen Geist unbegreifbar ist.

Viele Menschen glauben, dass die Seele nach dem Ableben eines Menschen dieses Nichts der absoluten Freiheit erlebt.
Weil das Nichts so schwer vorstellbar und manchmal sogar beängstigend ist, umschreiben wir es mit Bildern und Mythen. Das Paradies des Alten Testaments ist so ein Bild oder Mythos. ....

SOLIDARITÄT
Aus dem Duden: *Solidarität - Zusammengehörigkeitsgefühl, Gemeinsinn, Übereinstimmung.*
Solidarität ist meiner Meinung das, worüber ich bei „Das Boot ist voll" geschrieben habe.

GERECHTIGKEIT
Aus Wikipedia:
*Der Begriff der **Gerechtigkeit** (griechisch: dikaiosýne, lateinisch: iustitia, englisch und französisch: justice) bezeichnet einen idealen Zustand des sozialen Miteinanders, in dem es einen angemessenen, unparteilichen und einforderbaren Ausgleich der Interessen und der Verteilung von Gütern und Chancen zwischen den beteiligten Personen oder Gruppen gibt.*
(siehe: Wo ist die 3. Welt?)

FRIEDE
In der Demokratie ist er im Großen und Ganzen durch die Wahl der Politiker gegeben. Österreich zeichnet sich mit der Neutralität aus.
Neutralität heißt nicht aus einem sicheren Abstand zu beobachten, sondern vermittelnd zu agieren.

Weitere wahre Werte über die ich in Beispielen in diesem Buch schreibe:
ZIVILCOURAGE
WAHRHAFTIGKEIT
DEMOKRATIE
VERANTWORTUNG
GLEICHHEIT
VERSÖHNUNG
TOLERANZ
NACHHALTIGKEIT

Morgen ist der 11.1.11
INFO-Blatt ARGE Haus des Friedens
und per Post an Freunde und Bekannte

Ein wunderbares Datum als Anlass alles Liebe und Gottes Segen - nicht nur für heuer, sondern überhaupt für die Zukunft - zu wünschen.

Wir leben in einer Zeit vieler Veränderungen, die leider nicht nur Gutes bewirken. Die Schulreform geht meiner Meinung nach wieder in die falsche Richtung. Unsere Kinder und Enkelkinder sollten nicht mehr Wissen, sondern mehr Fühlen und Wahrnehmungen wahrnehmen lernen.

Das ist einer der Gründe, weshalb die Katholische Arbeiter und Arbeiterinnen-Bewegung einen Katalog erstellt hat, den wir Friedensfreunde von Pax Christi an Schulen, aber auch an alle anderen Menschen, mit denen wir zu tun haben, weitergeben wollen. Ich schaffe es leider nicht, ihn per E-Mail zu senden, aber führe hier die Themen an:

Werte haben Namen!
Menschenwürde
Freiheit
Solidarität
Gerechtigkeit
Friede
Zivilcourage
Wahrhaftigkeit
Demokratie
Verantwortung
Gleichheit
Versöhnung
Toleranz
Nachhaltigkeit

NACHHALTIGKEIT
Aus drei Welten wird eine

Ich hatte mein Büro in der Berggasse. Damals gab es noch keine Kurzparkzonen. Da ich durch einen Unfall nicht richtig und nur mit Schmerzen gehen konnte, parkte ich manchmal vor der Eingangstür in zweiter Spur, wenn ich nur einen entfernt gelegenen Parkplatz gefunden hätte. Oft aber parkte ich bei der Einfahrtsrampe, da sie nicht für Autos benutzt wurde und die Müllabfuhr vor unserer Bürozeit stattfand. Eines Tages holten mich Leute aus dem ebenerdigen Büro und erklärten mir, ich müsse mit dem Auto wegfahren, denn sie würden den Platz benötigen. Als ich fragte, wozu, erklärten mir die jungen Leute, dass sie Umweltschützer sind und einen Wagen hierherstellen wollen, der die Abgase messen wird. Verärgert erklärte ich ihnen: „Wenn ihr so umweltbewusst seid, solltet ihr dieses Gerät mit einem Handwagen herbringen." Worauf wir alle lachten. Einige Zeit später besuchte ich eine Umwelt-Konferenz in Wien. Ich war überrascht, da ich die gleichen Personen wie vor meinem Büro vorfand. Selbstverständlich noch viele andere, hauptsächlich junge Menschen. Zu Beginn hatte ich wieder eine negative Erfahrung mit ihnen, da ich extra früh aufgestanden bin und die Verantwortlichen dieser Konferenz, kamen etwa eine halbe Stunde zu spät. Ich fand das unhöflich und überheblich. Doch im Laufe des Tages stieg meine Achtung vor allen den Anwesenden, denn ich habe sehr viel von ihnen an Umweltschutz und Gerechtigkeit gelernt. Auch über die Ausbeutung der afrikanischen und südamerikanischen Länder. Ich schloss mich an diese Gruppe an, die einige Zeit später als „Die Grünen" auftraten.

Durch die Inspiration dieser Gruppe meldete ich mich in der Pfarre zur damals noch „3.Welt-Gruppe" an. Auf meinen Artikel „Wo ist die 3. Welt?", wurde die Gruppe in die „eine Welt-Gruppe" umbenannt.
Einer der Männer und ich gingen gemeinsam in verschiedene Kaufhäuser, um darauf aufmerksam zu machen, wie viel durch doppelte und dreifache Verpackung, an Ressourcen verschwendet wird. Wir schafften es, denn Zahnpasta ist nur mehr in der Tube und die in einem Karton. Nicht mehr wie früher, Tube, die wurde mit dünner Pappe verpackt, darüber Cellophan und dann erst wurden sie in Kartons geliefert.

Dann war ich das erste Mal bei einer österreichweiten Umweltkonferenz in Linz. Der Moderator kam aus unserer Pfarre. Ich erlebte meinen ersten öffentlichen Erfolg, worüber ich sehr erstaunt war, da ich mich als kleiner Wurm fühlte und trotzdem, etwas österreichweit bewegen konnte. Der Moderator erzählte beim nächsten Treffen der zu dieser Zeit noch 3. Welt-Gruppe: „Ich ging von einer Arbeitsgruppe zur anderen, um zu beobachten, wie es lief. In der Gruppe, in der Ilse dabei war, war leben. Ilse hat sie alle aufgescheucht."

Einheimischer Christbaum

In diese Gruppe meldete ich mich, weil einige Zeit vorher vom damaligen Umweltminister Alfred Gusenbauer, per Post ein Prospekt kam, in dem er aufmerksam machte, kein Teakholz zu verwenden bzw. Möbel aus Teakholz zu kaufen.

Worauf ich ihm in einem Schreiben erklärte, dass ich bisher immer nur Möbel aus einheimischem Holz gekauft habe. Es ist jedoch bedauernswert, dass einheimisches Holz viel teurer ist als Holz aus dem Regenwald, obwohl es einen weiten Weg, bis Österreich zurücklegen muss. Es wäre richtig, wenn ausländisches Holz höher versteuert, würde als einheimisches. Dann würden auch die Möbel aus Nuss-Holz und anderem einheimischen Holz mehr gekauft werden. Das ist nämlich der wahre Grund, weshalb die Urwälder abgeholzt werden und dadurch der Umwelt großer Schaden zugefügt wird.

Die Bevölkerung kauft Großteils billigere Waren statt umweltschonende.

Zum Schluss wünschte ich ihm und seiner Familie, da es vor Weihnachten war, gesegnete Weihnachten mit hoffentlich einem einheimischen Christbaum. Durch Zufall lernte ich einige Jahre später seinen damaligen Sekretär kennen. Als ich im Gespräch erwähnte, was ich an Gusenbauer geschrieben habe, lachte er herzlich und sagte, dass er sich gut an dieses Schreiben erinnern kann.

Nun zur Arbeitsgruppe. Wir waren ungefähr 20 Personen. Es wurde immer wieder darüber gesprochen, den Regenwald zu schonen. Nachdem viele Wortmeldungen waren, konnte ich dem nicht mehr zuhören. Ich unterbrach die Wortmeldungen mit ungefähr den Worten: „Bitte entschuldigt, aber ich kann nicht mehr abwarten, bis ich zu Wort komme. Wir müssen bei uns anfangen und nicht beim Regenwald. Es kommt darauf an was wir kaufen, denn damit können wir den Regenwald schonen. Nur so können wir regeln, ob wir ihn schützen oder nicht." Als ich sprach brach ein Tumult aus und ich dachte: „Die werden mich jetzt gleich köpfen." Dabei war das ein Pro kein Kontra. Also wurde beschlossen, da wir die größte Gruppe waren, daraus zwei Gruppen zu bilden, damit es kürzere Wartezeiten für die Wortmeldungen gab.

Bei der Kundgebung war eine Südamerikanische Rednerin, die fast die gleichen Worte verwendete wie ich. Sie sagte nämlich: „Es ist schön, dass

15

wir von europäischen Ländern finanziell unterstützt werden. Wir wollen das aber nicht. Wir wollen selbständig sein UND dass die europäischen Länder durch ihren Konsum nicht unsere Natur zerstören." Ich war zu Tränen gerührt, fühlte ich mich doch so klein und konnte trotzdem in der Gruppe etwas bewegen, das vielen Menschen helfen konnte.

Noch etwas leierte ich bei dieser Konferenz an. Der Müll müsste getrennt werden, damit er wiederverwertet werden kann, z.B. den enormen Abfall von Verpackung. Statt Papier aus südamerikanischen Bäumen, könnte Altpapier benutzbar gemacht werden. Als Folge wurde das recycle WC-Papier erzeugt. Selbstverständlich habe ich das sofort verwendet. Doch nach einigen Wochen kam die Ernüchterung. Es war so viel Chemie im Papier, dass ich Juckreiz bekam. Als es nicht mehr zu ertragen war, erklärte mir die Hautärztin, die ich aufsuchte, das käme von recyceltem WC-Papier und verschrieb mir eine Kortison-Salbe dagegen. Als ich aber die Blockadenablöse erlernt hatte, konnte ich die Allergie ablösen und habe keine Probleme mit dem Papier. Außerdem hatten nach den Worten der Hautärztin viele Menschen diese Probleme, daher werden sicher inzwischen verträglichere Mittel zur Verarbeitung verwendet.

Als ich gefragt wurde, wie ich mir die Mülltrennung vorstelle, gab ich zur Antwort: „Da gibt es sicher klügere Menschen als mich in der Regierung, die sich etwas einfallen lassen können."

Die Stimme aus dem Regenwald
Wo ist die 3. Welt?

1995/96 fürs Pfarrblatt

Wenn man der Bibel Glauben schenkt, hat Gott eine einzige Welt mit allem Drum und Dran erschaffen. Es ist keine Rede von einer zweiten, geschweige noch einer dritten Welt.

Trotzdem hat sich das Wort „3.Welt" - und sei es nur, weil man kurz und bündig mit diesem Wort alles sagt,

Norden	Süden
Reichtum	Armut
bereichern	ausbeuten
anfressen	hungern

und, und, und, eingeprägt.

Mir fällt dabei noch ein, wo bleibt die 2. Welt?

Was ich damit sagen möchte ist, dass meiner Meinung nach, die „3. Welt" nicht in den Ländern im Süden, nicht in unseren Nachbarstaaten, nicht an den Grenzen unserer Stadt, nicht einmal vor unserem Haus oder vor unserer Wohnungstür beginnt.

Die „3. Welt" beginnt bei uns selbst, in unserem Herzen, in unserer Seele. Wenn uns das im Kopf bewusst ist, können wir die Welt als eine Einzige behandeln.

Gut behandeln!
Rücksichtsvoll zu allen Lebewesen und der Natur auf der ganzen Welt.

WIR HABEN NUR DIESE „EINE WELT"!!!

PS 2020:
Ich habe in den „3. Weltläden" und bei den Ausstellern z.B. in Maria Zell, in Gesprächen über meine Meinung, dass es keine 3. Welt gibt, ersucht, diese Meinung an die dafür zuständigen Personen weiterzugeben.
Meine Meinung habe ich auch bei den Umweltschutz-Konferenzen, an denen ich teilgenommen habe, den Teilnehmerinnen und Teilnehmern, erklärt.
Nach einiger Zeit wurden die „3. Welt Laden" in **„Welt Laden"** umbenannt.

Katastrophenvorsorge/Zivilschutz

In verschiedenen Seminaren wurde über die sieben kosmischen Strahlen gelehrt und bei Vorträgen vom Zivilschutz wurden wir über den Umgang mit radioaktiven Strahlen informiert. Ich habe an diesem Kurs für Zivilschutz teilgenommen, weil ich mit sechzehn Jahren meinen ersten Erste-Hilfekurs gemacht habe und das dabei Gelernte, wiederauffrischen wollte. Mir war vorher gar nicht bewusst, dass noch einige neue Gefahren hinzugekommen sind wie Radioaktivität, Attentate und Virenseuche. Ich wollte meine beiden Töchter beschützen, da wir, meine ältere Tochter und ich in den Jahren zuvor einige Male mit Brand zu tun hatten und einmal fast durch eine Explosion in der Wohnung getötet worden wären.

Ich empfehle jedem, sich ausreichend über den Schutz bei Katastrophen zu informieren. Wenn wir von einer intensiveren Strahlung getroffen werden, ist es zu spät dafür. Die derzeitige Corona-Pandemie ist ein treffendes Beispiel.
Das gilt auch, wenn wir z.B. - es muss ja gar nicht durch ein Attentat sein - keinen Strom oder Wasser haben.

Wir wurden im Seminar darüber aufgeklärt, welchen Vorrat wir an Lebensmittel und Wasser einlagern sollten und wie wir beides frisch halten können.
Wie wir uns schützen können, wenn wir bei zu hoher Radioaktivität unbedingt ins Freie müssen und wie wir unsere Wohnungen vor dem Eindringen der Strahlen schützen können.
Was wir zu tun haben, um uns vor den Auswirkungen der radioaktiven Strahlen zu schützen und in welchem Alter welche Maßnahme notwendig ist, um nicht daran zu erkranken.

Damals habe ich auch ein Radio und Taschenlampen gekauft, die mit Dynamo betrieben werden.

Vor einigen Jahren wurde ich belächelt, als ich in den Kreisen einiger Bekannter erzählte, dass ich immer 50 Liter Trinkwasser in Reserve habe. Ich verwende sie nach einem Jahr zum Blumengießen und befülle den Tank wieder neu. Das Wasser kann man ein Jahr lang als Trinkwasser verwenden, da ich es mit Tabletten, die auch auf Booten verwendet werden, versetze.

Einige Wochen nach diesem Gespräch, wurde in den Nachrichten gesendet, dass Männer gefasst wurden, die vorhatten das Wiener Leitungswasser zu verseuchen. Da haben meine Bekannten nicht mehr darüber gelacht. Es kann sein, dass sie nun auch Trinkwasser im Vorrat haben, und sei es in Flaschen mit gekauftem Wasser, wie z.B. Mineralwasser. Das ich aber wegen des vielen Plastikverbrauchs nicht sehr schätze und Mineralien sind oft nicht mehr als in unserem Wiener Hochquellenwasser enthalten. Es gibt jetzt doch die Heimsyphongeräte dadurch erspart man sich das nachhause tragen der Getränke und den Verbrauch von Plastik.

Noch etwas ist mir für Trinkwasser wichtig. Wir verwenden für das WC wertvolles Trinkwasser. Ich würde es schätzen, wenn für die Toiletten eine eigene Leitung mit Wasser aus der Donau verlegt würde. Das Verlegen bedarf zwar Anfangskosten, aber in weiterer Folge würde es genauso wie bei der Verlegung von Telefon, Fernsehen oder Internet funktionieren.

Deklaration aus dem Internet:
Zivilschutz ist der Oberbegriff für eine Vielzahl von Maßnahmen zum Schutz der Bevölkerung vor natur- und zivilisationsbedingten Gefahren und für die Hilfeleistung in entsprechenden Notlagen.

Zivilschutz ist somit als pluralistisches Katastrophenvorsorge- und Hilfeleistungssystem zu verstehen, das in den Verantwortungsbereich von Bund, Ländern, Bezirken, Gemeinden, Einsatzorganisationen und Bürgern fällt.

Zivilschutz umfasst Aktivitäten zur Bewältigung von Katastrophen und Krisensituationen unterschiedlichster Art.
Er umfasst
   o *Maßnahmen des Selbstschutzes,*
   o *Maßnahmen der alltäglichen Gefahrenabwehr,*
   o *Maßnahmen zum Schutz vor Naturkatastrophen und technischen Unglücksfällen,*
   o *ebenso wie Vorsorgen zum Schutz vor möglichen Auswirkungen des internationalen Terrorismus.*

Bewahrung der Schöpfung
1997 für die Tageszeitung Bazar

Ich habe vor 2 Jahren eine Moderatorenausbildung Schwerpunkt: „Nachhaltigkeit" begonnen. Meine Ausbildung ist nun so weit, dass ich Gruppen bilden muss, in die ich Dich/Sie herzlich einladen möchte.

Gleich zum Anfang:
„Nachhaltigkeit heißt: der Erde nicht mehr zu entnehmen als sie nachbringt."
Das heißt wiederum, sorgfältig mit unserer Natur und den Ressourcen umzugehen.

Wenn unsere Kinder und Enkelkinder noch Luft zum Atmen und gesunde Lebensmittel zum Essen haben sollen, müssen wir unbedingt einige unserer Lebensgewohnheiten ändern.
Du/Sie werden erleben, wie schön es sein kann zu lernen, wie man alles was Gott geschaffen hat, mit Sorgfalt behandeln und verwenden kann.

Wir treten einen Trampelpfad in die Zukunft.

Ich denke an ein monatliches Treffen von ca. 10 Personen. Jeder kann aktiv oder passiv mitmachen. Ideen einbringen, Referate halten (die Themen werden vorher abgesprochen), Buchbesprechung oder ganz einfach das Gehörte in die Tat umsetzen.
Alles Weitere besprechen wir bei unserem ersten Treffen.

Ich freue mich auf Dich/Sie und ersuche um Anruf oder schriftliche Nachricht.

Nachhaltigkeit

1997? für den Lorettoboten

„Nachhaltigkeit heißt, der Erde nicht mehr zu entnehmen als sie nachbringt." Das heißt wiederum, sorgfältig mit unserer Natur und den Ressourcen umzugehen.

Wenn unsere Kinder und Enkelkinder noch Luft zum Atmen und gesunde Lebensmittel zum Essen haben sollen, müssen wir unbedingt einige unserer Lebensgewohnheiten ändern. Sie werden erleben, wie schön es sein kann zu lernen, wie man alles was Gott geschaffen hat, mit Sorgfalt behandeln und verwenden kann. Wie können Sie Ihre Lebensweise verändern? Beginnen Sie damit, dass Sie Sich über das, was Sie gekocht haben, freuen. Danken Sie, dass Sie so ein gesundes, nicht verstrahltes Essen genießen dürfen. Für mich ist „Danken ganz wichtig."

Zig Tonnen noch genießbarer Lebensmittel landen in Österreich in den Mülltonnen. Dabei ist es leicht sich zu bemühen, alle Lebensmittel zu verwerten.
Zum Kochen gibt es einige gute Rezepte für eine „Resteverwertung".

In einigen Kaufhäusern werden abgelaufene bzw. kurz vor Ablauf, Waren verbilligt angeboten. Ich denke wir sollten aufhören uns dafür zu schämen, abgelaufene Lebensmittel zu kaufen. Bevor es Pflicht war das Ablaufdatum anzuführen, hätten wir diese Lebensmittel bedenkenlos gekauft und ver-<u>wert</u>-et. Sie hätten für uns einen „Wert" gehabt. Diese Lebensmittel zu kaufen, ist eine Wertschätzung für die Natur, aber keine Schande.

Ebenso ist es, wenn man in einem Restaurant nicht den Teller leer essen kann. Früher war es peinlich, wenn man sich den Rest einpacken ließ. Es war ein Zeichen für Armut. Niemand wird heutzutage als minderwertig betrachtet, wenn er das restliche Essen mit nach Hause nimmt. Heute ist es ein Zeichen, dass es uns geschmeckt hat und eine Ehre für den Koch. Ich kenne ein Lokal, das dafür einen Schwan aus Papier faltet und als Verpackung verwendet.

Wenn es welches gibt, kaufe ich ungespritztes Obst und Gemüse. Es ist zwar oft nicht so makellos, aber trotzdem meistens besser. Das Gleiche gilt für alle Getreidesorten. Ich bedaure sehr, dass Gesünderes teurer ist als Ungesundes. Wegen des Preises greifen viele Menschen zu den billigeren Angeboten. Für mich wäre es wünschenswert, wenn „unbehandeltes" Obst, Gemüse und Getreide vom Staat gestützt würde und billigeres um diesen Betrag angehoben werden würde. Selbstverständlich aus dem gleichen Fonds. Nachdem es immer mehr Menschen mit einem niederen Einkommen gibt, wäre außerdem diese Möglichkeit eine gerechte Lösung.

Bedenken Sie, wenn Sie bei Wanderungen oder Ausflügen Blumen pflücken, dass Sie nicht die Wurzel aus dem Boden reißen, weil Sie dadurch ein Nachwachsen verhindern würden. Informieren Sie sich, über geschützte Pflanzen, weil sie schon vom Aussterben bedroht sind.

Ein weiterer Schritt könnte der Ausdruck von Hochachtung zu unseren Tieren sein. Wenn man vor vierzig Jahren mit dem Auto nach Salzburg gefahren ist, musste man einige Male die Frontscheibe waschen, da sie von Blutflecken der Insekten, die man beim Fahren tötete, überseht waren. Inzwischen gibt es dadurch so wenig Insekten, dass man bis Salzburg eine fast klare Frontscheibe hat.

Langsamer fahren, verhindert den Tod vieler Insekten und belastet die Umwelt weniger, durch weniger Spritverbrauch und Abgase. Bei der Gründung des Klimabündnisses waren wir in Österreich nur eine kleine Anzahl von Personen mit einer Vision. Inzwischen sind die meisten Länder dem Klimabündnis beigetreten. Sie haben somit die Höchstgeschwindigkeiten herabgesetzt.

Insekten sind für verschiedene Obstsorten die „Bestäuber", aber auch das Futter vieler Vögel. Die Vögel wiederum fressen die Schädlinge der Bäume und Pflanzen.

Frösche, Igel, Feldhasen, Regenwürmer und viele andere Tiere werden durch den Straßenverkehr immer weniger.
Nicht zu vergessen, die Pestizide, die Grund der Reduzierung von Tieren sind. Sie verursachen auch gesundheitliche Schädigung bei den Pflanzen und in weiterer Folge dem Fleisch.

Viele Insekten werden mit neumodischen Mitteln vergiftet. Das muss aber nicht unbedingt sein. Kürzlich brachte mir z.B. meine Tochter die immer sehr von Gelsen/Mücken geplagt wird, ein natürliches Mittel dagegen mit. Ich habe kein Problem mit Gelsen, da ich sie mit den Gedanken wegschicke. Sie werden es nicht glauben, aber es funktioniert. So pflege ich es auch mit Fliegen, Bienen und Wespen. Bei den Motten gelingt es mir noch nicht, aber ich fange sie zart, damit ihr Staub, der auf den Flügeln liegt und den sie zum Existieren brauchen, nicht abstreife und setze sie aufs Fenstersims, damit sie wegfliegen können. Jedes Mal, wenn mir das gelingt, freue ich mich darüber. Außerdem helfe ich mir gegen Motten mit Lavendelduft. Spinnen trage ich zum Fenster, sehe mir aber vorher oft noch ihr „Bild" an. Viele Spinnen haben eine wunderbare Zeichnung auf ihrem Rücken.

Den geflügelten Tieren öffne ich ein Fenster und weise ihnen mit den Gedanken den Weg hinaus.
Manchmal muss ich darüber lachen, wenn eine Fliege beim Fenster hereinkommt und ich „befehle" ihr mit Gedanken, umzudrehen und wieder hinauszufliegen. Sie dreht am Stand um und fliegt hinaus. Manchmal zeige ich es ungläubigen Bekannten.

Wespen und Bienen, besonders aber Fliegen, fliegen zum Licht. Also kann es sein, dass ich einen Raum verdunkle, damit sie das helle Fenster finden und hinausfliegen. Oder, in einem Raum, der dazwischen liegt, wie z.B. das Vorzimmer drehe ich Licht auf und leite sie so bis zum Fenster weiter.

Ich kann mir gut vorstellen, dass sich Franz von Assisi mit den Tieren unterhalten hat.

Zurzeit haben wir einen enormen Konsum an Kerzen, die wir nicht wie früher als Lichtquelle verwenden, sondern nur zum Vergnügen. Als ich noch unter Depressionen gelitten habe, hatte ich ab Herbstbeginn den ganzen Tag Kerzen brennen, um mein Gemüt nicht zu tief sinken zu lassen. Nachdem ich keine Depressionen mehr habe, verbrauche ich auch sehr wenige Kerzen. Ich stelle sie zwar als Dekoration auf, aber zünde sie meistens nur an, wenn Gäste da sind. Da frage ich aber auch manchmal, ob ich sie anzünden soll, da ein Großteil meiner Gäste umweltbewusst leben.

Wir haben Sommer
7/03 HdF

Wir haben Sommer, in dem es den meisten Menschen mit Herbst- und Winterdepressionen gut geht. Es sollte daher auch die Zeit sein, in der sich diese Menschen „stark" machen für den nächsten Herbst und Winter. Wie das funktionieren soll?

Schulen Sie Ihre Gefühle, indem Sie Sich oft die Freude und Liebe, welche Sie in den Sommermonaten empfinden, bewusst machen. Denken Sie gut, fühlen Sie gut und ganz besonders: „Tun Sie Gutes". An sich selbst und an anderen Menschen, der Natur und den Tieren.

Ich hebe nicht ab, wenn ich das schreibe, ganz im Gegenteil, ich selbst praktiziere dieses seit meiner Kindheit. Es sind keine leeren Phrasen, glauben Sie mir. Erfüllen Sie Ihren ganzen Geist mit Licht und Wärme, damit Ihre Seele in den kalten Jahreszeiten nicht frieren muss. Sagen Sie nicht von Haus aus nein, sondern versuchen Sie es doch einmal. Es schadet sicher nicht, auch wenn es Ihnen vielleicht nicht hilft.

Beginnen Sie damit, dass Sie Sich über das, was Sie gekocht haben, freuen. Danken Sie, dass Sie so ein gutes Essen genießen dürfen. Wie ich immer wieder sage: „Danken ist ganz wichtig."

Ein weiterer Schritt könnte der Ausdruck von Hochachtung zu unseren Tieren und der Natur sein. Vor langer Zeit, als ich noch jedes zweite Wochenende klettern fuhr, brachte ich halbe Wiesen an Blumen nach Hause, inzwischen sind es kleine Büschchen oder einige Halme geworden.

Wie gehen Sie mit Tieren um? Können Sie keiner Fliege etwas zu leide tun, aber wenn eine in Ihrem Zimmer sitzt, „erschlagen" Sie diese sofort, weil sie etwas beschmutzen könnte?
Treten Sie auf eine Ameise drauf, wenn sie über ihren Weg läuft, oder machen Sie einen Schritt zur Seite?
Wenn ein Regenwurm in der Sonne liegt, tragen Sie ihn zu einer weichen Erde oder ins Gras, oder sehen Sie keine Regenwürmer, weil sie ihrer Meinung nach in der Erde leben?

24

Töten Sie Gelsen/Mücken oder öffnen Sie ihnen das Fenster und „führen"
Sie sie mit einem Tuch (nicht damit wedeln, sondern als Mauer benutzen)
hinaus?
Setzen Sie eine Spinne am Fenstersims ab oder zerdrücken Sie sie?
Öffnen Sie für eine Wespe oder Biene die Tür und sprechen im Geist mit
ihr, damit sie hinausfliegt, oder sperren Sie sie in ein Glas, bis sie tot ist?
usw.

Ich werde sehr oft verletzt und noch öfter habe ich ein schlechtes
Gewissen, zu viel gesprochen zu haben. In diesen Fällen setze ich mich bei
der Meditation damit auseinander. Meistens fühle ich, dass ich nicht zu
viel gesprochen habe, oder warum ich von jemanden verletzt wurde.
Immer wieder komme ich darauf, dass mein Gesprächspartner es war, der
im Unterbewusstsein andere „erniedrigen" muss, um sich selbst „erhöht"
zu fühlen. Es ist meiner Meinung nach, der falsche Weg zum inneren
Frieden.

Sind Sie fähig, sich zu entschuldigen? Vor vielen Jahren habe ich schwer
daran gearbeitet. Inzwischen ist: „Entschuldigung" zu einem geläufigen
Wort für mich geworden. Bei meinen Kindern pflegte ich es von klein auf,
mich zu entschuldigen, wenn ich einen Fehler gemacht habe. Ich ersuchte
sie auch immer schon als Kinder, wenn ich etwas von ihnen wollte oder
brauchte. Was mir aber ganz wichtig erscheint, ich sagte danke zu ihnen.
So ist sich zu entschuldigen auch für sie zur Selbstverständlichkeit
geworden.

Es gibt Menschen, welche wohl Hilfe annehmen, dann aber immer wieder
erwähnen: „Ich habe mir ganz allein geholfen." Ich bin draufgekommen,
es muss nicht unbedingt falscher Stolz sein, es gibt noch einige andere
Gründe, aber damit machen sie klar: „Ich will nicht danke sagen." Diese
Menschen tun mir immer sehr leid, weil ihnen dadurch wunderbares
entgeht.

Lächeln sie! Sie werden sehen, es kommt zurück und ist Balsam für ihre
Seele. Vor über dreißig Jahren, als mir das Lachen „vergangen" war, baten
mich meine Kinder immer wieder: „Bitte Mama lache." Ich konnte zu
dieser Zeit nicht mehr lachen und musste es buchstäblich wieder lernen.
Anfangs verzog ich nur den Mund und alle meinten ich lächle und

lächelten zurück. So kam es mir wie ein Spiel vor und mein Lächeln schaukelte sich auf, bis es mein Herz und meine Seele erreichte. Als ich aus der Finsternis befreit war, lächelte mich ein Mann in der U-Bahn auffallend liebevoll an. Ich wunderte mich darüber. Als ich aber zufällig mein Gesicht im Fenster sah, begegnete mir mein eigenes Lächeln. Nun war mir klar: „Er lächelte zurück".

Wie begegnen Sie ihren Mitmenschen? Schenken Sie jemanden die Zeit, um ihn über die Straße zu begleiten oder ihm eine Tasche nach Hause zu tragen, oder sind Sie so gestresst, dass Sie gar nicht sehen, wie schlecht es anderen Menschen geht?
Fühlen Sie, wie Sie einen blinden Menschen führen können, wie Sie ihn ansprechen, oder vermeiden Sie die Begegnung mit ihm, weil Sie so unsicher sind?
Wenn Sie jemandem über eine Stufe helfen wollen, fragen Sie vorher: „Darf ich Ihnen helfen?" Oder: „Soll ich Ihnen helfen?" Kennen Sie den Unterschied zwischen darf und soll? Wissen Sie, dass es für behinderte oder kranke Menschen demütigend ist, „Hilfe" zu brauchen?
Daher ist es besser das Wort Hilfe gar nicht zu erwähnen, sondern z.B.: „Darf ich sie begleiten?" „Darf ich ihnen die Tasche tragen?" u.s.w.

Wenn Sie ein ungepflegter Mensch um Geld bittet, verwehren Sie es ihm, weil Sie denken: „Der soll lieber arbeiten" oder geben Sie ihm etwas mit einem freundlichen Lächeln und sagen dazu: „Bitte schön!" mit den Gedanken: „Was hat dieser Mensch erlebt, dass er mich um Geld bitten muss. Ich danke Gott, dass ich nicht an seiner Stelle bin."

Wenn Sie sich etwas einfallen lassen, was für Sie eine Hilfe ist um glücklich zu werden und an sich arbeiten, um die Hilfe umzusetzen, verspreche ich Ihnen, dass es Ihnen mit den Depressionen viel besser gehen wird. Allerdings nicht von einem Tag auf den anderen. Geduld muss auch gelernt sein. Die Depressionen (Sagen Sie nicht: „Meine Depressionen" sonst behalten Sie: „Ihre Depressionen" und bekommen sie nicht los.) werden wahrscheinlich nicht für immer vorbei sein, aber schon das Wissen, ich kann es mir selbst erleichtern, ist für mich ein guter Grund, liebe-voll zu leben, das heißt, die Lebensqualität erhalten oder sogar erhöhen.

Nachtrag 2020

Depressionen sind für mich persönlich kein Thema mehr. Mir wurden die Blockaden, die zu Depressionen und Burnout geführt haben, mit einer weiterentwickelten kinesiologischen Methode abgelöst.

Da mir so sehr geholfen wurde, habe ich Ausbildungen für humanenergetische Methoden gemacht. In Deutschland habe ich eine ärztliche Prüfung abgelegt, da solche in Österreich nicht möglich sind. Ich wollte anderen Menschen helfen, so wie mir damit geholfen wurde. Deshalb übe ich seit 2009 das Gewerbe als Humanenergetikerin aus und arbeite mit verschiedenen kinesiologischen, schamanischen und energetischen Methoden.

Die Welt verändern
Die Welt verändern heißt: unsere Gewohnheiten ändern.

Ich habe 2 mal 3 Mädchen, die zum Taizetreffen in Wien waren, bei mir aufgenommen.

Die 1. Jugendlichen waren sehr fordernd, bis hin zum Unangenehmen. Sie kamen alle drei aus Wohlstandsländern.

Die 2. Gruppe war das Gegenteil.
Die drei Mädchen waren Freundinnen und kamen aus Litauen.
Meine beiden Töchter, die damals noch bei mir wohnten und ich, haben von ihnen einiges gelernt. Ich wünsche mir, dass ich das an Sie weitergeben darf bzw. kann.
Als Leserin oder Leser handhaben Sie es mit dem Duschen wahrscheinlich so, wie wir es bis dahin gemacht haben, nämlich, das Wasser die ganze Zeit; in der wir unter der Dusche stehen, über den Körper rinnen zu lassen. Von den litauischen Mädchen lernten wir, erst den Körper abduschen, dann das Wasser abdrehen, einseifen und wieder mit Wasser abduschen.

Meine beiden Töchter und ich sprachen mit den Mädchen darüber und diese erzählten uns, dass es in ihrer Heimat selbstverständlich ist bei allem zu sparen, auch beim Duschen, weil doch das Duschwasser Geld kostet.

Meine beiden Töchter und ich setzten uns noch näher damit auseinander, denn seit Jahren hatten wir schon einige umweltschonende Maßnahmen in unserem Haushalt eingeführt.
Wir haben z.B. das Wasser des WC gestoppt, um nicht unnötig gutes Trinkwasser zu vergeuden. Selbstverständlich erst dann, wenn das WC sauber war. Ich mache das immer noch und inzwischen werden die Spülkästen bei den WC Anlagen so erzeugt, dass automatisch zwei verschiedene Wassermengen gewählt werden können.
Als ich 1995/96 die Ausbildung als Moderatorin machte, war der Schwerpunkt „Nachhaltigkeit".
Eine der Abschlussarbeiten war es, ein Poster zu kreieren, das Menschen motivieren kann, nachhaltiger mit der Natur umzugehen.

Nachdem ich weder malen noch zeichnen kann, ließ ich meinen Entwurf von einer Graphikerin anfertigen. Mir war es das Geld wert, denn es musste ja nur die Idee und die Vorlage von mir kommen.

Mein Poster in der Größe 45 x 60 cm, hat Empörung bei den Kolleginnen und Kollegen ausgelöst. Manche meinten: „Ilse, du bist doch sonst nicht so brutal. Wie kannst du so ein Bild machen lassen."

Einige Jahre später gab es eine Fernsehwerbung in diese Richtung.
Man wollte Eltern darauf aufmerksam machen, wenn sie die Kinder nicht angurten oder zu schnell fahren, kann das im heutigen Verkehr schlimme bis schreckliche Folgen haben. Ich bedaure, dass diese Werbung bald vom Fernsehschirm verschwunden war.
Mit Schmuseaufrufen wird viel weniger erreicht als mit tatsächlichen Auswirkungsmöglichkeiten. Da hilft es nicht, wenn man etwas verharmlost.

Genauso ist es mit unserer Umwelt. Wir haben nur diese eine Welt und wir müssen so leben, dass wir sie unbeschadet, unseren Kindern hinterlassen. Das tun wir aber leider nicht. Bei diesbezüglichen Gesprächen sage ich oft: „Wenn es eine Erbsünde gibt, dann ist das die „Erbsünde", was an Schäden an der Natur von Generation zu Generation weitergegeben wird."

Ein Beispiel:
Vor 200 Jahren gab es keine Stromerzeugung. Unsere Vorfahren haben Kerzen als Licht und Holzfeuer als Wärmequelle verwendet.
Dann kam der elektrische Strom und wir hatten dadurch ein leichteres Leben.
Aber ist das nicht die Ursache, dass dadurch die Umwelt immer mehr und mehr belastet wird und der Natur schadet?

Wir schaffen es nicht, wieder zur Kerze zurückzukehren oder auf Kühlschränke zu verzichten. Das ist z.B. die Erbsünde, die wir von unseren Eltern bzw. Großeltern übernommen haben.

Unsere Generation hat die Atomkraft, die so enorme Schäden an der Umwelt hervorruft, dass sie nicht wieder gutzumachen sind. Vielleicht erst wieder in hunderten bis tausenden von Jahren.

Ich bin mir nicht sicher ob nicht einige Pyramiden etwas gutmachen sollten, das die damaligen Menschen verursacht haben. Sie hatten Hochkultur, sonst hätten sie nicht zentnerschwere Steine viele Kilometer über Berg und Tal transportieren können. Ich verstehe manche überheblichen Leute nicht, die behaupten, das wäre alles von Menschenhand und -kraft ohne technische Geräte und Maschinen transportiert worden.

Wir können uns auch nicht erklären, weshalb die Maya plötzlich ihr fruchtbares Land verlassen haben. Seit den Reaktorschäden in Tschernobyl und in Japan, kann ich es mir vorstellen. Leider sehr gut sogar. Trotzdem gibt es zu wenig Reaktion der Menschen gegen ein Weitermachen von Atomreaktoren.

Mein Bild ist leider nackte Wahrheit, nur ist es den Menschen nicht bewusst, dass sie so an ihren Kindern handeln.

Sehen Sie auf der nächsten Seite:

Nahrung aus dem Meer
Wir sind dabei unsere Meere zu verseuchen und zu überfischen.

Selten erfährt man, wenn skrupellose Geschäftemacher Sondermüll im Meer oder in aufgelassenen Bergwerken verschwinden lassen. Entsorgen kann man das nicht nennen, denn der Müll wird dadurch weder entsorgt, so dass er zu Ende ist, noch wird Sorge getragen, dass damit niemandem geschadet wird.

Verstecken von Sondermüll ist keine Lösung. Wir müssen so arbeiten, wirtschaften und leben, dass kein Sondermüll anfällt.

Wir Durchschnittsmenschen müssen nicht „aussteigen", aber wir sollten achtsamer mit unseren Ressourcen umgehen. Beim Einkauf achtgeben, woher die Waren stammen, ob sie langlebig sind oder Wegwerfartikel.

Bei der Moderatorenausbildung mussten wir an einem Nachmittag, in Dreier und Vierer-Gruppen verschiedene Aufgaben erfüllen. Ich wurde in eine Gruppe gestellt, die möglichst viel aus den Meeren herausholen sollte. Ich erklärte dazu, dass ich da nicht mitmache, ich will keine Meere überfischen.
Die Trainer, ein Ehepaar wurde mir gegenüber ein bisschen - na sagen wir einmal - bösartig und erklärten mir wiederum in einem aggressiven Ton: „Dann müssen sie beruflich aussteigen" worauf ich erklärte, dass ich das schon bin. Auf ein weiteres Gespräch habe ich mich nicht mehr eingelassen.

Jetzt möchte ich erklären, weshalb ich sagen konnte, dass ich schon ausgestiegen bin. Durch meinen damaligen Beruf hätte ich die Möglichkeit gehabt wohlhabend zu werden. Mir war es aber wichtiger, mich der Arbeit zu erfreuen und mir für die Klienten Zeit zu nehmen. Manches Mal meinte ich lachend, dass ich schon mehr Begleitgespräche als Bilanzgespräche führe. Da wir hauptsächlich für Gastgewerbebetriebe arbeiteten, kamen meistens Männer zu uns, die konnten bei einem Kaffee mit mir über geschäftliches und teilweise auch, über private Belangen reden.

Eben wurde mir bewusst, dass ich schon 1987 ausgestiegen bin, als ich einen drei Millionen Schilling schweren Schaden in Kauf genommen habe, nur, um einer anderen Familie keinen Schaden zuzufügen. Als es damals darum ging eine Familie zu betrügen, um meinen Schaden gering zu halten, sagte ich: „Das tue ich nicht, denn wenn ich sterbe will ich mich noch im Spiegel ansehen können." Ich wusste nicht, dass ich etwa ein Jahr später wirklich für einige Minuten tot sein würde. Ich hatte einen Unfall mit Herzstillstand, einem Kurztod- und einem Nahtoderlebnis. Durch diese Erlebnisse bekam ich eine Todessehnsucht, bin aber nicht suizidgefährdet. Dass ich eine Todessehnsucht habe, zeigt, wie unbeschreiblich schön diese Wahrnehmung war. Ich glaube, dass ich für einen Moment das erleben durfte, was wir Himmel nennen. Weiters glaube ich, dass ich das hauptsächlich wegen meiner Lebenseinstellung wahrnehmen durfte.

1976 habe ich meine Eigenschaften verändert. Durch den tödlichen Absturz meines Kletterpartners, haben sich meine Werte verschoben.

Per Flugzeug zu den Tsunami-Opfern

Wenn wir uns mit oder durch Flugzeuge fortbewegen, fügen wir der Natur sehr großen Schaden zu. Betreffend der Tsunamiopfer 2004 im indischen Ozean glaube ich aber, dass es für die Hinterbliebenen heilend sein kann, per Flugzeug an den Platz zu fliegen, wo man einen nahen Angehörigen oder Freund bzw. Freundin verloren hat. Wo ihre Seele den Weg in die Herrlichkeit Gottes angetreten hat. Das gilt selbstverständlich nicht nur für die Hinterbliebenen der Tsunamiopfer.

Aber was war es, was den Tsunami ausgelöst hat?
Ich will Ihnen meine Meinung darlegen, auch wenn es für Sie fremd klingt. Einige Wochen vor dem Tsunami, fühlte ich drei Mal, dass eine riesengroße Katastrophe kommen wird. Beim ersten Mal hatte ich die Wahrnehmung, es hätte etwas mit Erdbeben und Wasser zu tun. Damals konnte ich mir nicht erklären, wie Wasser und Erdbeben zusammenhängen. Beim nächsten Mal brachte ich die Wahrnehmung mit der Aushöhlung unseres Planeten Erde durch die Erdöl- und Gasgewinnung in Zusammenhang. Beim dritten Mal hatte ich das Gefühl, es bedeute den Weltuntergang.

So, nun denken Sie mit mir darüber nach. Immer wieder hören wir von spirituellen Menschen, dass wir mit unserer Erde anders umgehen müssen. Man sagt uns, dass wir umkehren müssen. Was heißt das? 1995 habe ich einen Lehrgang: „Ausbildung zur Moderatorin" mit dem Schwerpunkt „Nachhaltigkeit" absolviert. Bei den Arbeiten damit habe ich sehr viel Einsicht bekommen, wie sehr wir die Erde nachhaltig ausbeuten.

Wir entnehmen der Erde viel mehr, als sie nachbringen kann.

Wenn wir für unsere Enkel und Urenkel noch eine lebenswerte Welt erhalten wollen, müssen wir umkehren, unser Leben anders gestalten. Es muss gar nicht in großen Schritten sein. Schon kleine Schritte bringen Erfolg.

Damit bin ich wieder beim Tsunami angelangt. Als ich nach dem Tsunami zu meiner Tochter äußerte, dass es doch kein Weltuntergang war, erzählte sie mir, dass im Radio verlautbart wurde, die Erdachse hätte sich durch den Tsunami verschoben und der Wasserspiegel hätte sich gesenkt. Da frage ich mich, hat das nicht doch mit dem Konsum von Erdöl und Erdgas zu tun? Bergwerke, welche nicht so viel Erdverdrängung durch den Abbau verursachen, stürzen ein. Da muss es doch einmal auch durch das überdimensionale Absaugen des Erdöles dazu kommen.

„Können wir das denn ändern?" werden sie jetzt fragen. Wir können! Es fängt schon beim Verbrauch von Wasch- und Putzmitteln an, welche wir verwenden. Ob sie abbaubar sind oder die Abwässer vergiften.

Ein großer Faktor unsere Umwelt zu zerstören sind die Autos und vor allem die Flugzeuge und Hochseeschiffe. Ich fahre viel weniger mit dem Auto als vor meinen Einsichten durch die Moderatoren-Ausbildung. Seit meine beiden Töchter und ich nicht mehr den gleichen Weg zu Schule und Büro haben, fahre ich mit den öffentlichen Verkehrsmitteln.

Flugzeugreisen vermeide ich. Ich verbiete sie mir nicht, doch ich schränke sie sehr ein. Daher war ich durch die vielen Flüge des verstorbenen Papstes Johannes Paul II. immer sehr enttäuscht. Er sagte nämlich, die Pille sei ein Eingriff in die Schöpfung. Wobei ich nicht finde, dass die Pille, sondern Abtreibung der Eingriff in die Schöpfung ist, welche man mit der Pille verhindern kann. Ihm aber hat Gott keine Flügel wachsen lassen, trotzdem flog er über hundertmal in der Weltgeschichte herum. Dabei wissen wir inzwischen alle, nicht nur ich, wie viel Schaden er durch seine Flüge mit dem hohen Spritverbrauch anrichtete. War er tatsächlich so naiv, um nicht zu wissen welch schweren Eingriff und großen Schaden Flugzeuge an der Schöpfung verursachen? Wie sehr die Meere durch Tankunfälle und Bohrinseln verseucht sind und noch weiter werden?

Trennen Sie den Müll
Dieses habe ich, als die Container in den Häusern aufgestellt wurden, auf
ein A4 Blatt geschrieben und
im Haus an der Tür zu den Containern aufgehängt.

WENN SIE IHRE FAMILIE LIEBEN,

TRENNEN SIE DEN MÜLL!!!

SONST HABEN IHRE KINDER
UND ENKELKINDER,
IN EINIGEN JAHREN
KEINE UMWELT IN DER SIE
GESUND LEBEN KÖNNEN

- ES DAUERT NICHT LANGE -

VIS A VIS VOM HAUS,
BEI DER TELEFONZELLE
SIND DIE CONTAINER FÜR:

GLAS

DOSEN

PLASIKFLASCHEN

**BIOMÜLL =
PFLANZEN + GEMÜSEABFÄLLE**

Danke!
Eine Mutter, die ihre Kinder liebt - daher den Müll trennt!

Tipps und Tricks für Haushalt und Büro

*Einfriersackerl verwende ich nur in äußersten Notfällen. Ansonsten benutze ich die dafür geeigneten Boxen, die man viele Jahre immer wiederverwenden kann.

*Essig oder Essigessenz verwende ich zum Entkalken, egal ob Wasserkocher, Wasserhähne oder Prothesen. Selbstverständlich die Prothesen mit neuem Essig oder Essenz.

*Mein Vater legte schon Wert darauf, dass wir alle Tuben mit einem Messerrücken ausgestrichen haben. Ich habe es an meine Kinder weitergegeben. Meine ältere Tochter erweitert diese Methode, indem sie Kunststofftuben, wenn sie nichts mehr aus den Tuben ausstreichen kann, ein Stück vorm Verschluss entfernt abschneidet. Dann schneidet sie den längeren Teil der Tube ein, streicht ihn aus und stülpt ihn dann über den abgeschnittenen Teil mit dem Verschluss, jedes Mal bis die Tube wirklich leer ist. Man möchte es nicht für möglich halten, es können z.B. noch etwa drei Mal die Zähne geputzt werden. Das ergibt im ganzen Jahr eine finanzielle Ersparnis und einen wertvollen Beitrag für den Naturschutz.

*Kartoffel statt Reis
Reis zu kochen ist zwar Zeit sparend, aber weniger umweltschonend als Kartoffel aus der Region.

*Kartoffel schälen
kann man sich erleichtern, wenn man den rohen Kartoffeln „rund um den Bauch" die Schale leicht einschneidet. Nach dem Kochen ist es ein Leichtes, jede Schalenhälfte im Ganzen abzuziehen.

*Medikamenten Verpackungen
Die meisten Medikamente sind in Aluminium und Plastik verpackt. Es ist an der Zeit, dass man bewusst macht, diese wieder zu verwerten. Durch das Erhitzen trennt sich Metall und Kunststoff und kann daher wiederverwertet werden. Damit ich darauf aufmerksam mache, werfe ich die Verpackungen in den Container für Dosen.

*Achten Sie darauf, den Kühlschrank sowie den Tiefkühlschrank nicht unnötig offenhalten.

*Angebrannte Töpfe reinigen

Am besten gelöst bekommen Sie angebrannte Stellen an Töpfen und Pfannen, wenn, Sie sie direkt nach dem Fauxpas mit warmem Wasser beiseitestellen. Für alle folgende Reinigungstipps ist das Einweichen nämlich eine gute Vorbehandlung.

Tipp für angebranntes Karamell: Hier würde einweichen nicht reichen. Füllen Sie den Topf mit der Verkrustung am besten mit Wasser auf und lassen die Mischung kochen. Der Zucker löst dank der Wärme im Wasser und die angebrannten Reste verschwinden unter Rühren fast wie von selbst.

Angebrannte Töpfe reinigen – mit Backpulver

Auf Backpulver als Hausmittel ist einfach Verlass! In diesem Fall rühren wir mit Wasser eine zähflüssige Paste an, geben sie auf die angebrannten Stellen, erhitzen den Topf kurz und lassen das Ganze für eine Stunde einwirken. Im Anschluss einfach die Kruste ablösen.

Angebrannte Töpfe mit Essig und Salz reinigen

Essig und Salz bewirken beim Reinigen von Töpfen Wunder!

Auch mit einer Essiglösung ist das Entfernen der eingebrannten Rückstände ein Kinderspiel. Dafür 2 Esslöffel Salz mit Essig und Wasser im Verhältnis eins zu drei im Topf so lange köcheln lassen, bis die Rückstände sich von selbst lösen. Achtung, nicht vergessen die Dunstabzugshaube einzuschalten, oder das Fenster zu öffnen, denn beim Erhitzen von Essig steigen beißende Dämpfe auf!

Stark angebrannte Töpfe mit Spülmaschinentabs reinigen

Da die Spülmaschine mit den eingebrannten Resten im Topf nicht fertig wird, steigern wir die Konzentration des Spülmittels auf einen halben „Tab" pro Topf - so ist die Wirkung enorm. Einfach in heißem Wasser auflösen, eine halbe Stunde einwirken lassen und die Verschmutzungen lassen sich leicht entfernen. Wer auf Umweltschutz und eine Reinigung mit wenig Chemie wert legt, greift allerdings am besten zu einem anderen Hausmittel.

Bitte ohne Stahlschwamm
Für viele ist der Stahlschwamm prädestiniert für die Reinigung von Eingebranntem. Doch dieser hinterlässt am Topfboden kleine Kratzer, die bei erneuter Benutzung das Kochgut leichter am Boden festkleben lassen. Daher nehmen Sie nach dem Verwenden der Hausmittel, Spülbürsten oder Kunststoffschwämme zur Entfernung der letzten Reste.

Tipps und Tricks fürs Büro:
Druckerpatronen:
zum Wiederverwerten und Spenden: z.B.: www.abfallbringtgeld.at

Kopierpapier:
Wenn es möglich ist, verwende ich Papier auch auf der Rückseite oder ich schneide sie für Notizzettel zurecht.

Etiketten:
Wenn ich Etiketten nicht voll beschreiben muss, schneide ich schmale Streifen und beschrifte diese.

Altpapier:
Selbstverständlich in die entsprechende Tonne entsorgen.

Als „Puffer" in Paketen verwende ich Altpapier.
Ich nehme das Blatt einer Zeitung (alte Tageszeitungen oder Bezirkszeitungen sind weich) in die Hand und falte sie mit den Fingern wie eine Harmonika und lege es in den zu versendenden Karton obenauf und in den Zwischenräumen.

SOZIALVERHALTEN
Volksbefragung: Bundesheer & Sozialdienst
oder
Berufsheer und voll bezahlter Sozialdienst

ABER IST GOTTESWILLE:
Katastrophenhilfe und Soziale Dienste, statt Bundesheer?

Ich durfte am Mittwoch, den 16.2.2013
das Abendgebet in der Pfarre gestalten.
(Für die Texte hatte ich Zettel vorbereitet, so, dass jeder wusste, was er zu lesen hat.)
Im Namen des Vaters und des Sohnes und des Hl. Geistes.

LIED: „Gib uns die richtigen Worte" Nr. 129

ILSE
Ich habe das Gefühl, Gott hat es gefügt, dass ich als Friedensaktivistin das heutige Abendgebet gestalten darf. Ich hatte nämlich dieses Abendgebet für „Heilung" vorbereitet. Doch gestern nach dem Gespräch mit meiner Tochter war mir klar, dass es uns heute ein Anliegen sein sollte, um die Eingebung der richtigen Antwort bei der Volksbefragung am Sonntag zu beten. Daher habe ich den Schwerpunkt dieses Gebetabends, auf Frieden und Menschenwürde gerichtet.

JESAJA 2,4
Er spricht Recht im Streit der Völker, / er weist viele Nationen zurecht. Dann schmieden sie Pflugscharen aus ihren Schwertern / und Winzermesser aus ihren Lanzen. Man zieht nicht mehr das Schwert, Volk gegen Volk, / und übt nicht mehr für den Krieg.

JESAJA 48, 17-18
Dieses spricht der Herr, dein Erlöser, der Heilige Israels: Ich der Herr, dein Gott, lehre dich, was nütze ist, und leite dich auf dem Wege, den du wandelst.
O dass du in Acht genommen meine Gebote, dann wäre dein Friede wie ein Strom geworden, und deine Gerechtigkeit wie die Abgründe des Meeres ...

ILSE

SCHALOM - FRIEDE aus Wikipedia

Der hebräische Begriff Schalom [שלום] (englische Schreibweise: shalom) bedeutet zunächst Unversehrtheit, Heil, Frieden, es ist damit nicht nur Befreiung von jedem Unheil und Unglück gemeint, sondern auch Gesundheit, Wohlfahrt, Sicherheit und Ruhe.

„Der Friede, der allein versöhnt und stärkt, der uns beruhigt und unser Gesichtsbild aufhellt, uns von Unrast und von der Knechtung durch unbefriedigte Gelüste frei macht, uns das Bewusstsein des Erreichten gibt, das Bewusstsein der Dauer, inmitten unserer eigenen Vergänglichkeit und der aller Äußerlichkeiten."

LIED: „Schalom" (finde es im gelben Heft nicht)

GEBET: *Friedensgebet des Hl. Franziskus   wir beten gemeinsam*
Herr, mach mich zu einem Werkzeug deines Friedens,
dass ich liebe, wo man hasst;
dass ich verzeihe, wo man beleidigt;
dass ich verbinde, wo Streit ist;
dass ich die Wahrheit sage, wo Irrtum ist;
dass ich den Glauben bringe, wo Zweifel droht;
dass ich Hoffnung wecke, wo Verzweiflung quält;
dass ich Licht entzünde, wo Finsternis regiert;
dass ich Freude bringe, wo der Kummer wohnt.

Herr, lass mich trachten,
nicht, dass ich getröstet werde, sondern dass ich tröste;
nicht, dass ich verstanden werde, sondern dass ich verstehe;
nicht, dass ich geliebt werde, sondern dass ich liebe.

Denn wer sich hingibt, der empfängt;
wer sich selbst vergisst, der findet;
wer verzeiht, dem wird verziehen;
und wer stirbt, der erwacht zum ewigen Leben. Amen.

1. LUKAS Bergpredigt 6,20 -23

Als er aber die Volksmengen sah, stieg er auf den Berg;
und als er sich gesetzt hatte, traten seine Jünger zu ihm.
Und er tat seinen Mund auf, lehrte sie und sprach:
Glückselig die Armen im Geist, denn ihrer ist das Reich der Himmel.
Glückselig die Trauernden, denn sie werden getröstet werden.
Glückselig die Sanftmütigen, denn sie werden das Land erben.

2. LUKAS Bergpredigt 6,20 -23

Glückselig die nach der Gerechtigkeit hungern und dürsten, denn sie
werden gesättigt werden.
Glückselig die Barmherzigen, denn ihnen wird Barmherzigkeit
widerfahren.
Glückselig des reinen Herzes sind, denn sie werden Gott schauen.
Glückselig die Friedensstifter, denn sie werden Söhne Gottes heißen.

3. LUKAS Bergpredigt 6,20 -23

Glückselig die um Gerechtigkeit willen Verfolgten, denn ihrer ist das
Reich der Himmel.
Glückselig seid ihr, wenn sie euch schmähen und verfolgen und alles Böse
lügnerisch gegen euch reden werden um meinetwillen.
Freut euch und frohlockt, denn euer Lohn ist groß in den Himmeln;
denn ebenso haben sie die Propheten verfolgt, die vor euch waren.

GEBET der Vereinten Nationen

*Herr, unsere Erde ist nur ein kleines Gestirn im großen Weltall. An uns liegt es,
daraus einen Planeten zu machen, dessen Geschöpfe nicht von Kriegen gepeinigt
werden, nicht von Hunger und Furcht gequält, nicht zerrissen in sinnlose
Trennung nach Rasse, Hautfarbe oder Weltanschauung.*
*Gib uns den Mut und die Voraussicht, schon heute mit diesem Werk zu beginnen,
damit unsere Kinder und Kindeskinder einst mit Stolz den Namen Mensch
tragen.*

LIED: „Liebt einander, helft einander" Nr. 287

FÜRBITTEN:

1. Herr aller Herren, du willst, dass die Menschen miteinander in Frieden
leben. Wir bitten dich, zeige den Politikern, wie sie Spannungen lösen und
neue Kriege verhindern können.

2. Lass die Verhandlungen unter den Nationen der Verständigung dienen und führe die Bemühung um Abrüstung zum Erfolg.

3. Wir bitten dich um gerechte Lösung der Konflikte, die Ost und West, Nord und Süd, Farbige und Weiße, arme und reiche Völker voneinander trennen.

4. Lass nicht zu, dass wir mitmachen, wenn Hass und Feindschaft Menschen gegeneinander treiben. Hilf uns Frieden halten, weil du mit uns Frieden gemacht hast.

5. Hilf allen, die sich Christen nennen, dass von ihnen Versöhnung ausgeht.

6. Wir bitten für alle, die Jesus Christus als ihren Herrn erkennen, um die Gnade, das Geschenk seines Friedens anzunehmen und es weiter zu schenken.

7. Gott, du bist ohne Anfang und Ende; alles, was ist, kommt von dir. Segne unsere Tage und schenke der Welt den Frieden.

VATER UNSER ....

LIED: „Singen wir das Lied vom Frieden" Nr. 359, 1. Strophe

SEGEN:
Irischer Segen der auch auf Österreich zutrifft von William Drennan, irischer Dichter (1754-1820)

> Als Erin zuerst aus den Fluten erstand,
> gab Gott seinen Segen dem tiefgrünen Land.
> Smaragd von Europa - so wird`s immer sein
> im Ring dieser Erde der wertvollste Stein.

ILSE
Unser Vater, himmlischer Du, bitte segne alle Menschen und Tiere,
alle Wesen - die sichtbaren und die unsichtbaren,
hier auf dieser Erde und überall in Deinem großen,
für uns Menschen unbegreiflichen, ewigen Universum. Amen

SCHLUSSSEGEN: Kaplan

Leben statt sterben

Durch meinen Beruf habe ich ein Ehepaar kennengelernt, welches ein Espresso im fünfzehnten Bezirk neu erworben hatte. Zwei fleißige Leute. Die Frau sollte das Lokal führen und der Mann war Bäcker. In seiner Freizeit schaffte er die Getränke heran und nahm der Frau die schwere Arbeit ab, da sie eine Magenoperation hinter sich hatte. Ein Sohn mit zwanzig und einer mit zehn Jahren machte die Familie komplett.

Schon nach kurzer Zeit merkte diese Familie, dass das Lokal in einer Gegend mit niederem Niveau lag. Der große Sohn, der im Geschäft helfen sollte, verweigerte die Mitarbeit in solcher Gesellschaft. Der Mann schämte sich, so viel Geld für ein zwielichtiges Lokal ausgegeben zu haben. Nur die Frau war der Meinung, bevor sie all das Geld verlieren, müssen sie das Geschäft weiterführen. Ich habe gefühlt, was in diesem Mann vorging und habe die Frau gewarnt. Sie solle auf ihren Mann aufpassen, der schafft das alles nicht. „Er hat ja mich" meinte sie (womit sie sich selbst ansprach). Das musste ich als außenstehender Mensch akzeptieren. Ich bot ihr jedoch meine Hilfe an, wenn sie mich brauchen sollte. Keine zwei Wochen waren vergangen als sie mich anrief mit den Worten: „Was meinen sie, was passiert ist?" "Ihr Mann hat sich etwas angetan", antwortete ich gleich darauf.

Er war so verzweifelt, dass er zur Floridsdorfer Brücke fuhr, um in die Donau zu springen. Er wurde in die psychiatrische Klinik gebracht. Ich habe der Frau angeboten, wenn ihr Mann vom Krankenhaus kommt und sie den Zeitpunkt für richtig hält, solle sie sich bei mir melden. Ich werde dann mit ihrem Mann sprechen. „Ich glaube ich kann ihm helfen" sagte ich.
Sie rief mich dann auch zu sich. Es war das Ehepaar und der Vater des Mannes (dieser verstand kein Deutsch) anwesend. Ich habe gesprochen und gesprochen und gesprochen. All meine Kraft und all meine Gefühle legte ich in die Stimme. In einer Atempause warf der Vater ein paar Worte ein, die ich nicht verstand. Als ich die Frau um Übersetzung bat, erklärte sie mir, dass der Vater nicht die Worte verstehe, aber durch die Töne in meiner Stimme, sehr wohl wüsste was ich sagte. Also sprach ich weiter. Plötzlich sprach auch der Mann. Zögernd erst noch, aber er gab mir Antwort, zaghaft, müde, doch willig. Im Verlauf des Gespräches machte ich ihn liebevoll darauf aufmerksam, dass er kein Recht hätte seine Frau

im Stich zu lassen. Diese hätte noch mehr Sorgen zu tragen, wenn er tot sei. Dass seine Frau auch nicht glücklich sei mit diesem Betrieb. Wenn er nicht lacht, fühlt sie sich auch unglücklich usw. Er wolle ja lachen, aber er kann nicht, sagte er.

Ich weiß, wie das ist. Ich musste auch einmal wieder das Lachen lernen. Meinen Kindern zuliebe habe ich es auch geschafft. Ihm erzählte ich, wie ich das angestellt habe. Der Frau habe ich das Versprechen abgenommen, dieses Lokal so schnell wie möglich zu verkaufen, auch wenn der Schaden groß sei. Dafür behält sie ihren Mann, den sie sehr liebte.

Bis alles unter Dach und Fach war, besuchte mich der Mann noch einige Male. Ich gab ihm Kraft, indem ich mit ihm über meine Vergangenheit und wie ich damit umging, sprach. Ich hatte durch eine ähnliche Situation großen finanziellen Schaden erlitten. Jeder sieht mir aber an, wie glücklich ich trotzdem, oder gerade deswegen, bin.

Als dann das Geschäft verkauft war, konnte er auch wieder lachen. Gemeinsam bedankten sie sich bei mir. „Und diese hübsche Frau wollten sie einem anderen Mann überlassen?" fragte ich ihn scherzend. „Sie haben recht, das wäre unfair mir selbst gegenüber gewesen." antwortete er mir und - lachte.

Helfen, wie wir können

Nicht, weil ich ihnen ein schlechtes Gewissen einreden möchte, sondern als Aufforderung oder besser gesagt, um sie daran zu erinnern, auf die Katastrophenopfer nicht zu vergessen. Auch das Coronavirus, verursachte eine Katastrophe.

Mir ist schon klar, dass beten allein nicht hilft, darum habe ich nach dem Hochwasser in der Wachau mein Auto mit Hilfsgütern, unter anderem mit Christbaumschmuck beladen, was ein Tropfen auf den heißen Stein war, ins Kamptal gebracht und dadurch ein „Weihnachtswunder" erlebt.

Wir können mit Gebeten viel bewirken. Ich glaube, wenn wir um Gottes Segen für die Opfer von Katastrophen, im Moment für die Benachteiligten Menschen durch die Corona-Pandemie, bitten, kann es sich zum Beispiel so auswirken, dass die betroffenen Menschen auch Gutes im Leid sehen können. Vielleicht schätzen wir durch eine Notlage auch Kleinigkeiten mehr, während wir vorher große Dinge bereits für selbstverständlich gehalten haben.

Ich persönlich musste schon viel Leid ertragen und bin aus jeder Niederlage reich beschenkt herausgewachsen.
Das wünsche ich nicht nur den Opfern von Katastrophen, sondern allen Menschen auf dieser Erde.

Zurzeit erfahre ich durch die Coronavirus-Krise, die Hilfsbereitschaft vieler Menschen.

Nachdem wir mit anderen Menschen keinen nahen Kontakt haben sollen oder dürfen, habe ich an die Wirtschaftskammer folgenden Text geschrieben:

Coronavirus: Meldung an Wirtschaftskammer
E-Mail 23.3.20 Uhrzeit 10:34
persönliche.dienstleister@wko.at

Betreff: kostenlose Fernarbeit bis zum Ende der Quarantäne

Sehr geschätzte Damen und Herren!

Ich möchte bekanntgeben:
Obwohl sogenannte Fernheilungen, in meinem Fall kinesiologische Blockadenablöse von der WKO untersagt sind, führe ich sie ab heute kostenlos durch.

Es ist unsere Verpflichtung, zu helfen wie es möglich ist.
Derzeit ist es eben nur ohne persönlichen Kontakt möglich.

So werde ich es handhaben:
Wenn ich telefonisch kontaktiert werde, führe ich ein Erstgespräch, dabei teste ich aus, ob ich als Stellvertreterin, ohne Anwesenheit der Klienten die Ablöse durchführen darf.
Wenn ja, ersuche ich die Gesprächspartner um ihre eMailadresse, damit ich Texte etc. an sie weiterleiten kann.
Dazu werde ich auch das schreiben, was ich sonst sagen würde, nämlich Erklärungen.

Anschließend kann ich wieder angerufen werden, um telefonisch das zu klären, was beim E-Mail nicht verstanden wurde.

Nochmals, ich mache es kostenlos als Beitrag an unsere Gesellschaft/Mitmenschen, um die momentane Krise zu erleichtern.

Ich hoffe, das ist auch in Ihrem Sinn und sie ermuntern Kolleginnen und Kollegen dazu.

Mit freundlichen Grüßen und großem Respekt!

Ilse Jedlicka

Unser tägliches Brot gib uns heute

Da ich im Februar 1945 geboren wurde, habe ich die schlechten Jahre nicht bewusst erlebt. In meiner Kinder- und Jugendzeit erzählte mir meine Mutter, wie ich als Baby saure, statt süße Milch zu trinken bekam, weil sie das Fläschchen unter ihrer Achsel aufwärmen musste. Wer mich kennt weiß, dass ich trotzdem zwar nicht groß, aber stark geworden bin.

Erst vierzig Jahre später habe ich kennengelernt, was die Bitte: UNSER tägliches Brot gib UNS, bedeutet. Durch familiäre Umstände und den Glykol-Wein-Skandal, stand ich plötzlich vor dem Nichts. Ich habe mich aber entschieden, den Schaden nicht auf andere Menschen abzuwälzen, wozu ich Gelegenheit gehabt hätte. Mir war klar, was ich auf mich und meine beiden Töchter nehme. Aber wie hart das wirklich ist, kann man sich nicht vorstellen, solange man nicht in dieser Lage ist.

Mir geht es wieder gut, sogar besser als je zuvor. Vielleicht gerade deswegen habe ich immer vor Augen, dass es nicht heißt: MEIN tägliches Brot gib MIR heute, sondern UNSER tägliches Brot gib UNS heute.
In dieser Bitte liegt all meine Sehnsucht, dass alle Menschen auf der Welt genug zu essen haben.

Unser tägliches Brot gib uns heute. Gott will aber nicht nur Worte hören, er will auch Taten sehen. Früher habe ich ein Zehntel meines Einkommens für andere Menschen gegeben, damit sie auch ihr tägliches Brot haben. Da mein Einkommen geringer geworden ist, biete ich zusätzlich ehrenamtlich meine Tätigkeit als Energetikerin an, wie z.B. für Katastrophenopfer, ungewollt schwangere Frauen und zurzeit für Benachteiligte durch die Corona-Krise. Sterbe- und Trauerbegleitung sind immer noch eine meiner ehrenamtlichen Lebensaufgaben.

Schon gefastet?

1994 Pfarrblatt + eine Studentenzeitung

Es gibt kaum eine Kur, die ich nicht schon versucht hätte. Auch gehungert habe ich schon. Fasten hat aber einen tieferen Sinn, als nur abzunehmen. Der Ursprung des Fastens war, das dadurch Ersparte ärmeren Menschen zu geben.

Es gibt noch immer viele arme Menschen auf der Welt, auch bei uns in Österreich.

Außerdem würden wir durch das Fasten die Natur und somit die Umwelt weniger belasten. Wie die Heuschrecken fallen wir über alles was nur genießbar ist, her. Nicht einmal die Singvögel sind vor uns sicher.

Viele Tiere sind vom Aussterben bedroht, weil sie von uns wahllos abgeschlachtet werden.

Dabei würden wir uns sicher körperlich wohler fühlen, wenn wir den Magen nicht immer voll hätten. Der Kopf könnte klarer denken, wenn wir nicht oft vom Verdauen müde wären.

Und das Wort ist Fleisch geworden

Besonders bei Gesprächen mit Trauernden sind oft Beispiele aus der Bibel gefragt, daher besuchte ich vor Jahren eine Seminarreihe: „Bibelrunden leiten". Dabei hatten wir das Thema: „Arbeiten mit biblischen Figuren". Die Figuren werden aus Hanfseilen mit Metallkern und Styroporkopf als Grundausrüstung erarbeitet. Wenn sie fertig sind stellen sie Figuren aus der Zeit Jesu dar (durch die Kleidung etc.) Diese Figuren sind beweglich. Sie können sich nicht vorstellen, wie klar ersichtlich durch die Körperhaltung der Figuren Gefühle ausgedrückt werden können. Ich fand das faszinierend. Es ist für mich schon ungeheuerlich, was unsere Körpersprache aus dem Unterbewusstsein ausdrückt. So können wir durch unsere Beobachtungen aber Körperhaltungen nachstellen und unserem Gesprächspartner oder Partnerin ihre eigenen Gefühle vor Augen halten.

Am Ende des Abends stellten wir dann zu zweit noch Situationen dar. Mein Kollege und ich hatten das Thema: „So eilten sie hin (die Hirten) und fanden Maria und Josef und das Kind, das in der Krippe lag." Wir sollten auch jeder einen Reim mit 11 Worten dazu schreiben. Als mein Nachbar meinen Reim las meinte er, dieser sei schöner als seiner. Ich zeigte ihm nur, wo er Beistriche machen sollte, dann war er mit seinem Reim auch zufrieden.

Mein Reim lautete:

„Und das „JA" ist Fleisch geworden und hat Segen uns gebracht."

Für mich ist das Besondere an Maria nicht, dass sie vielleicht eine besonders gute Mutter war. Wir wissen nicht von wem sie schwanger wurde, ob durch Vergewaltigung oder Hingabe. Aber sie hat JA gesagt zu Gottes Willen. Zu einem Kind das höchstwahrscheinlich von ihr nicht geplant war. Genau durch diese Entscheidung hatte Gott die Möglichkeit uns durch die Lehre Jesu das „Himmelreich" erlangen lassen zu können. Damit will ich nicht sagen, dass es Menschen aus anderen Religionen oder Menschen, welche keine Religion kennen gelernt haben, nicht möglich ist, das Göttliche wahrnehmen zu können. Mir wurde es sogar im zweijährigen Theologiekurs bestätigt, dass wir keine Priester brauchen, sondern dass uns wohl das Gewissen sagt, was Recht und Unrecht ist.

Mein jüngster Bruder mit seiner gleichaltrigen Freundin.

(Titelfoto)

Mein Bruder war für meine Eltern auch ein nicht vorgesehener Nachzügler. Unsere Mutter war damals mit 37 Jahren eine „alt gebärende Mutter" und außerdem hatten meine Eltern schon 3 Kinder.

Ich war ihnen aber ein Leben lang dankbar, dass sie meinen Bruder nicht abgetrieben haben, obwohl sie schon im Vorzimmer eines Arztes, der heimlich Abtreibungen durchführte, saßen.

Die beiden sagten zueinander, wir werden das Kind bekommen. Wir haben 3 Kinder, wir schaffen es auch, ein 4. zu ernähren. (Damals gab es keine Kinderbeihilfe oder ähnliches.) Sie fuhren nach Hause und mein Bruder ist ein wunderbarer Mensch geworden.

Ein Kind ist geboren

Kinder werden von den meisten Menschen noch immer als Geschenk Gottes angenommen, auch wenn sie nicht geplant sind. Es hat sich auch daran nichts geändert, dass uns mit dem Baby eine riesengroße Verantwortung in die Arme gelegt wird. Und Gott-sei-Dank, hat sich nichts daran geändert, dass diese Verantwortung wahrgenommen wird. Die seltenen Fälle, wo das aus welchen Gründen auch immer nicht so ist, lasse ich hier außer Acht.

Solange die Kinder Babys sind, äußern sie sich durch Weinen oder Schreien und tun uns kund, dass ihnen etwas fehlt, weil das in der Natur liegt. Wenn sie älter werden, reagieren sie nicht immer so, wie wir Eltern es gerne hätten und wenn sie erwachsen sind, haben wir oft Probleme damit, wie sie mit ihrem eigenen Leben und der Verantwortung umgehen. Wir sind dann ratlos und wissen nicht, wie wir damit umgehen sollen. Schlechtes Gewissen zermürbt uns, die Trauer lässt uns nächtelang nicht schlafen.

Vielleicht sollten wir mehr Vertrauen in unsere Kinder setzen? Oder sollen wir ihr Gebaren gutheißen?

Vor vielen Jahren wurde mir bewusst, dass Kinder, wenn sie viele Probleme machen, selbst mit sich nicht fertig werden.
Diese Einsicht hat mir bei meiner ersten Tochter sehr geholfen. Heute, da wir beide miteinander über alles reden können und wir sogar fünfundzwanzig Jahre miteinander gearbeitet haben, weil sie sich wünschte bei mir zu arbeiten, denken wir noch manchmal an diese Erlebnisse zurück. Besonders seit sie selbst Kinder hat.

Aber in ihrer Kindheit gab es eine Zeit, in der ich mich zwingen musste, mein Kind, das ich mir sieben Jahre lang sehnlichst gewünscht habe und das mein Augenstern war, in die Arme zu nehmen. Meine Tochter machte Sachen, die für mich überhaupt nicht in Ordnung und unverständlich waren. Sie war als Kind sehr verschlossen, daher fand ich eine Zeitlang nicht den richtigen Weg, um zu ihr durchzudringen. Mir war jedoch klar, ich muss sie in die Arme nehmen, um ihr meine Liebe nicht zu entziehen.

Als ich in meiner Verzweiflung Gott fragte: „Was geht in diesem Kind vor?", hat er es mir gezeigt. Als meine Tochter einige Tage später wieder einmal etwas Schlimmes anstellte, schimpfte ich mit ihr und erhob die Hand. Da faltete sie bittend ihre Hände und sagte: „Mama, bitte hab` Geduld mit mir." Dadurch verstand ich auf einmal, was in ihr vorging. Mir war auf einmal klar, dass sie selbst mit sich nicht fertig wird. Ich hatte nun den Schlüssel zu ihrem Herzen gefunden. Oft und viel habe ich um Gottes Segen für meine Tochter gebetet und ihr Liebesenergie „gesendet". Ich tue es immer noch, für meine beiden Töchter, aber in Zeiten, wo es ihnen nicht gut geht, noch mehr.

Gott hat meine Mühe belohnt, denn ich habe ein wunderbares Verhältnis zu beiden Töchtern. Nicht jeder hat dieses Glück, beziehungsweise nicht die Wahrnehmungen, wie ich sie habe.

Ich glaube, wir müssen unseren erwachsenen Kindern mehr Freiraum lassen, was ich auch erst vor einigen Jahren mit der jüngeren Tochter erleben musste, um daraus zu lernen.

Wie wir alle wissen, war Jesus kein geplantes Kind und wurde, die Kirche würde sagen: „in Sünde gezeugt". Niemand weiß, wer der leibliche Vater ist. Als Jesus erwachsen war, war er ein „Sandler", ein „Nichtstuer", ein „Drückeberger" würden wir heute zu seiner Lebensform sagen.
Und doch war dieser Mensch von Gott auserwählt, für viele Menschen Heil in die Welt zu bringen.

Maria, die Mutter Jesu und seine Brüder waren entsetzt über die „Öffentlichkeitsarbeit" die Jesus machte. Ich bin überzeugt, vielleicht wären es auch wir, würden wir nicht wissen, dass er das getan hat, weil er fühlte, dass es Gottes Wille war. Ich glaube, er hat Gottes Willen bis zum Kreuz angenommen.

Mt.12,46-50
Als Jesus noch mit den Leuten redete, standen seine Mutter und seine Brüder vor dem Haus und wollten mit ihm sprechen.
Da sagte jemand zu ihm: Deine Mutter und deine Brüder stehen draußen und wollen mit dir sprechen.

Dem, der ihm das gesagt hatte, erwiderte er: Wer ist meine Mutter, und wer sind meine Brüder?
Und er streckte die Hand über seine Jünger aus und sagte: Das hier sind meine Mutter und meine Brüder.
Denn wer den Willen meines himmlischen Vaters erfüllt, der ist für mich Bruder und Schwester und Mutter.

Mir vermittelt dieser Text, dass seine Familie nicht mit seinem Tun und Verhalten einverstanden war.
Es kann aber auch sein, dass seine Mutter anfangs damit nicht umgehen konnte. Bei seinem Sterben war sie in seiner Nähe und lt. Bibel ist sie sogar unter dem Kreuz zu ihm „gestanden", obwohl damals der Kreuzestod die größte Schande war. Als mir das vor einiger Zeit bewusstwurde, stieg meine Achtung vor Maria als Mutter.

Somit bin ich nahe bei dem, was ich Ihnen sagen möchte: „Wenn ein Kind nicht so wird, wie wir es gerne haben würden, ist das nicht unbedingt die Folge von schlechter Erziehung oder lieblosem Umgang mit dem Kind."

Ich glaube, wir müssen lernen zu akzeptieren, dass Gott nicht immer das gleiche will wie wir Menschen. Maria hat sich sicher eine andere Zukunft für ihren Sohn gewünscht, aber sie hat angenommen, was Gott ihr zugeführt hatte. Das ist nicht immer leicht. Trotzdem können wir unseren Kindern, wenn sie nicht mit uns reden wollen oder können, besser damit helfen, wenn wir sie ihr Leben, leben lassen und ihnen viel Liebesenergie senden, sowie Gott um seinen Segen für sie bitten.

Segen heißt für mich, begleiten. Gott möge unsere Kinder begleiten. Was ich noch für wichtig halte ist, dass wir nie aufhören ihnen zu sagen, dass wir sie lieben bzw. liebhaben. Wenn wir es schaffen, können wir erleben, dass manches Mal Wunder geschehen.

Klonen, Fötus zerschmettern
5/97 HdF

So viel hört man in letzter Zeit von klonen, Fötus zerschmettern, Gen-Manipulation. Ich hoffe, ihr habt alle das Volksbegehren gegen Gen-Manipulation unterschrieben.

Meiner Meinung nach sind es gerade die kranken und invaliden Menschen, die uns die Liebe lehren. Wie trostlos wäre ein Leben ohne unsere hilfsbedürftigen Mitmenschen. An ihnen können wir unsere Gefühle schulen und die Liebe praktizieren.

Nie bete ich um Gesundheit, immer um die Hilfe zum richtigen Umgang mit auftretenden Krankheiten. Ich glaube, Gott hat uns die Krankheiten auferlegt, damit wir durch sie eine Möglichkeit haben, IHM näher zu kommen. Ich habe die Erfahrung gemacht, mehr Menschen wenden sich zu Gott, als sich Menschen abwenden, wenn sie eine schwere Krankheit erleiden.

Ich bete aber auch nicht darum, dass ich oder andere Menschen immer krank sind und leiden. Ganz sicher wäre das auch nicht im Sinne Gottes.

Schutz für ungeborenes Leben

Zum verantwortungsbewussten Umgang mit der Natur gehört das „ungeborene Leben". Ich glaube Leben beginnt, sobald ein Ei befruchtet wurde.

Nachdem ich aber mit Schwangerschaftsabbruch zu wenig Erfahrung habe, kontaktierte ich die Beratungsstelle „aktion Leben".
http://www.aktionleben.at

Mir wurde dadurch klar, dass dieses „Thema" sehr kompakt ist und es daher für mich nicht möglich ist, richtig darüber zu schreiben.

Ich biete für ungewollt schwangere Frauen kostenlose Blockadenablöse an. Das nimmt die seelischen Belastungen und stärkt das Selbstbewusstsein der werdenden Mutter. Höchstwahrscheinlich kann sie sich dadurch auf ihr Baby freuen und das Mutterglück empfinden.

Nächtlicher Himmel

Bei der Suche nach einem Weihnachtsbild hat mich dieses angesprochen. Ein nächtlicher Himmel, von Sternen übersät. Der weiße Schnee lässt ein großes Bauernhaus mit erleuchteten Fenstern im Hintergrund erkennen. Im Vordergrund ein nach vorne geöffnetem Stall mit Tieren. Jung und Alt kommt herbeigelaufen.

In der Futterkrippe ein Kind und neben der Krippe die Mutter des Kindes. Sie beugt sich liebevoll über das Neugeborene. Etwas zurückhaltend der Vater im Hintergrund der Hütte. Er ist berührt von diesem Ereignis, denn er hält die rechte Hand über seinem Herzen. Es scheint mir, als hielte er die Luft an. Ist er überrascht über das Licht, das von beiden, Mutter und Kind ausgeht?

Fühlt er, dass hier der Heiland geboren wurde? Dieses Kind war von Gott ausersehen durch sein Leben und durch sein Sterben, Heil in die Welt zu bringen. Deshalb, weil er uns als erwachsener Jesus bis hin zum Tod vorlebt, Gottes Willen anzunehmen und auszuleben.

Entschuldung
1996 Pfarrblatt

Stellen Sie sich vor, Ihnen hätte zum Beispiel Ihr Vater einen Berg Schulden vererbt. Sie müssten das Erbe antreten und könnten auf keinen Fall darauf verzichten. Die Schulden wären so hoch, dass allein die Zinsen eine Höhe Ihres jährlichen Einkommens hätten. Das würde heißen, da Sie und Ihre Familie auch essen müssen, Kleidung brauchen und Miete zahlen müssen, dass Sie die Zinsen nur teilweise oder gar nicht leisten könnten. Somit würden die Schulden immer mehr. So hoch, dass sie bis zu 500-mal Ihr Jahreseinkommen übersteigen.

Hätte Ihr Arbeitseinsatz und Ihr Leben noch Sinn?
Wären Sie nicht Sklave der Gesellschaft und noch mehr der Wirtschaft, wenn Ihr Vater nicht durch eigenes Verschulde, sondern durch Wucherer in diesen Ruin getrieben worden wäre?

So geht es den Familien in den afrikanischen und südamerikanischen Ländern.
Wir sind die Wucherer. Wir sind diese Menschen, die ihr Land ausbeuten und ihnen ihre Existenzgrundlage nehmen. Ich bin der Meinung, dass wir deshalb alles tun müssen, um den Schaden, den wir bis jetzt angerichtet haben, wieder gut zu machen.
Wir haben die Möglichkeit einer Wiedergutmachung. Was für uns hundert Schilling sind, sind für die Bevölkerung ärmerer Länder ein Vielfaches. Sie müssten auch gar nicht in Ihre eigene Tasche greifen, sondern nur unterschreiben, dass Sie eine Entschuldung befürworten.

Das heißt, Österreich würde auf die Rückzahlung eines Teiles der Schulden verzichten.

PS: 2020
Die Menschen, die durch die Corona-Pandemie nicht tragbaren finanziellen Schaden erleiden, sollten so wie es die Regierung versprochen hat, abgefunden werden.

Ich hoffe, die Politiker halten ihr Wort, bei mir haben sie es vor 37 Jahren nicht gehalten und ich hatte dadurch einen Schaden von 3 Millionen Schilling.

Das Boot ist voll
? Jahr Pfarrblatt und eine Tageszeitung

Es war an einem sonnigen Tag, als ich an der Alten Donau spazierte. Ich beobachtete die Boote, wie sie ruhig im Wasser dahin zogen - harmonisch wirkte diese Ansicht. Beim Anblick der Boote fiel mir ein Satz ein, den ich in letzter Zeit des Öfteren hörte: „Das Boot ist voll!"

Mir krampfte es Herz und Seele zusammen, als ich mir vor meinem geistigen Auge folgendes Bild vorstellte: Ein Boot, darin sitzen nur wenige Menschen. Einige Körbe mit Leckerbissen und guten Getränken haben sie für ein Picknick bei sich. Im Wasser aber schwimmen - schon ganz außer Atem, keinen Grund unter den Füßen - Frauen, Männer und vor allem Kinder. Sie wollen sich am Boot festhalten, weil sie keine Kraft mehr zum Schwimmen haben. Sie strecken die Arme aus und möchten etwas zu essen, sie haben Hunger. Sie möchten etwas zu trinken, sie haben Durst. Sie sind auch nackt und haben keine Kleider. Aber die Menschen im Boot stoßen sie zurück ins Wasser und rufen dabei: „Das Boot ist voll!"

Das Boot ist voll? Haben wir nicht im Überfluss zu essen und zu trinken, zu rauchen und zu naschen? Hat nicht fast jede Familie ein zweites Auto oder mehrere Fernseher, Radio, etc.? Die meisten Bauern haben eine zweite Einnahmequelle! Die Pfarrhöfe und alten Schulhäuser in den Dörfern sind leer und unbewohnt. Dabei hat jedes Klassenzimmer einen Kaminanschluss. Ein Klassenzimmer wäre groß genug, um eine Flüchtlingsfamilie aufzunehmen. Es müsste doch möglich sein, dass eine Dorfgemeinschaft eine Familie ernähren und bekleiden kann, ohne dabei großen Verzicht leisten zu müssen.

Das Boot ist voll? Nein! Ist es nicht vielmehr die Befürchtung, so ein Ausländer könnte fleißiger, klüger oder anderswie tüchtiger sein als wir und uns in den Schatten stellen? Er könnte uns durch seine Tüchtigkeit unsere Arbeit wegnehmen und uns unterdrücken, wie wir es mit ihm tun.

Das Boot ist voll? Sollten wir nicht lieber einen Weg überlegen, den wir gemeinsam gehen könnten? Wo wir kein Boot bräuchten! Zum Beispiel dazu stehen, dass wir alle den gleichen Vater haben und Brüder und Schwestern sind!!!

LIEBE + SEXUALITÄT
Unser Wunsch

Unser Wunsch nach Einswerdung, geht weit über die Lebens-Partnerschaft von Mann und Frau hinaus. Wir wollen wieder Eins werden mit Gott. Durch das Essen des Apfels vom falschen Baum, wurden wir von Geistwesen zu Menschen und durften bzw. konnten dadurch nicht mehr im Paradies bleiben. Erst mit dem Tod kehren wir wieder ins Paradies zurück und werden auch wieder Eins mit Gott. Die Suche nach der Einswerdung treibt uns unser ganzes Leben. Dabei müssen wir Gott nicht suchen, denn er ist immer und überall da. Wir haben Großteils diese Wahrnehmung, wahrscheinlich durch den Fortschritt von Technik und Wohlstand verloren.

In der LIEBE werden wir eins! Aber Liebe und Ehe sind nicht unbedingt ein und dasselbe.

Ich bin offen für jede Religion, aber ich bin im Christentum beheimatet. Dementsprechend ist auch mein Gedankengut. Doch Jesus ist für mich nicht Gott. Er ist der Mensch, dem Gott die größte Aufgabe übergeben hat: „Liebe und Frieden zu lehren". Seine Lehre zeigt mir den Weg zu dem, die oder das Gott, an den, die, das ich glaube. Jesus ist das erste der drei wertvollsten Geschenke, die ich je bekam.

Das Christentum ist die Fortsetzung des Judentums. Man kann es durch viele Übernahmen von Riten, Symbolen und Bräuchen der Juden ersehen, z.B. das „Ewige Licht", der „Schabes-Deckel" (eine Kopfbedeckung jüdischer Männer am Sabbat) bei Papst, Kardinälen und Bischöfen, den Weihwasserkessel als Fortsetzung der Mesusa am Türpfosten. „20 C+M+B 13" an der Eingangstür, wie die mit Blut bestrichenen Türpfosten im Alten Testament, und so weiter und so fort.

Jesus war ein gläubiger und praktizierender Jude, der weit davon entfernt war, eine neue Religion zu gründen. Er wollte das Judentum auf den Punkt bringen. Er wollte uns zeigen, dass Gott keine Person ist, sondern die „reine Liebe". Ich glaube, er wollte auch zeigen, dass nicht nur die Juden das „Volk Gottes" sind, sondern alle Völker der Erde sind „Gottes Volk".

Ob Jesus je verheiratet war oder mit einer Frau liiert, wie man das heute nennt, geht aus den Evangelien nicht eindeutig hervor. Ich kann es mir aber vorstellen, dass „Johannes, der Jünger, den ER liebte", sein Sohn oder sein Geliebter war. Warum? Hat ER, Jesus, seine anderen Jünger nicht geliebt? Es gibt sicher einen guten Grund, warum Johannes so betont wird. Jesus hatte auch das Alter, wo er schon eine Frau verloren haben könnte, mit welcher ein Sohn entstanden ist, der ohne weiteres mit dem Alter von Johannes passen könnte. Auch Maria Magdalena kann ich mir als „Frau an seiner Seite" vorstellen. Wer war an der Seite von Jesus bis zum Tode? MARIA seine Mutter, JOHANNES (sein Kind?), MARIA MAGDALENA (seine Frau?). Sind wir ehrlich, sind das nicht die wichtigsten Menschen, welche bei unserem Sterbebett stehen würden? Eltern, Kinder und Partnerin oder Partner.

Noch eine Überlegung scheint mir wichtig: „Maria, die Mutter Jesu." Ich glaube, sie wurde auf die gleiche Weise wie jede andere Frau schwanger. Sie war Jungfrau, also nicht verheiratet.

Was Maria auszeichnete war, dass sie „Ja!" zu Gottes Willen gesagt hat. Ja, zu einem Kind, welches nicht gewollt und nicht legitim gezeugt wurde.

Jedes Kind ist ein Geschenk Gottes. Ein Kind ist Gottes Wunsch nach neuem Leben. Das Kind soll für ihn ein Werkzeug sein. Jesus ist das wertvollste Werkzeug Gottes.

Auch bei der Geburt Jesu war Maria nicht verheiratet. In den Evangelien ist ersichtlich, dass Jesus Geschwister hatte. Es ist aber nirgends eine Rede davon, dass Maria je geheiratet hätte. Es werden verschiedene Vermutungen angestellt, woher die Geschwister kommen könnten, doch es gibt keine genauen Aufzeichnungen darüber.

Als Obfrau des Vereines „Arbeitsgemeinschaft Haus des Friedens" führte ich viele Trauergespräche mit sogenannten „geschiedenen Wiederverheirateten". Immer wieder tauchte dabei die Frage auf, ob der verstorbene Partner oder die Partnerin trotzdem das Himmelreich erlangen kann. Es kommen auch Mütter, die sich um verstorbene Kinder, welche geschieden und wiederverheiratet waren, sorgen, zu mir.

Um mich verständlicher ausdrücken zu können, spreche ich bei diesem Beispiel jeden, egal ob eine Frau oder ein Mann gemeint ist, mit „er oder ihn" an, abgeleitet von: „der Mensch". Außerdem bringe ich das Beispiel von zwei Eheleuten, wo jeder vor der Ehe mit dem jetzigen Partner, geschieden war.

Beispiel:
Würde der verstorbene Mensch, weil er geschieden und wiederverheiratet war als er starb, nicht ins Paradies gelangen dürfen, wäre dieser Gott, an den ich glaube, sehr ungerecht.

Wenn nämlich der hinterbliebene Partner keine Beziehung mehr nach dem Tod des Partners, mit dem er nicht kirchlich verheiratet war, eingeht, würde er nach der Auslegung der röm. kath. Kirche ohne Probleme ins Himmelreich gelangen. Nach dem Tod des verstorbenen Partners wäre der Überlebende nicht mehr geschieden und wiederverheiratet, sondern nur geschieden ohne bestehende Partnerschaft.

Das ist doch ungerecht. Ich denke, diese kirchlichen Aussagen sind einer der Gründe, weshalb immer weniger Menschen heiraten.

Außerdem, was ist mit Seitensprüngen oder Menschen die liiert, aber nicht verheiratet sind?

Ich glaube, alle Religionen sollten mehr die Liebe lehren, die gelebte Liebe vorzeigen. Die Liebe leben und darüber sprechen, wie und was die Liebe fördert. Wie man Liebe wachsen lassen kann und wie man sie festigen kann. Anstatt den Priestern der röm. kath. Kirche die praktizierende Liebe zu einer Frau und eigene Kinder zu verbieten, sollte es ihnen möglich sein, eine Ehe oder Familie zu gründen. Nicht als Verpflichtung, sondern nach freiem Willen. Wenn ein Priester zölibatär leben möchte, sollte es ihm auch möglich sein.

Aber es müssten die Priester, welche heiraten wollen, darauf hingewiesen werden, sich noch intensiver als jeder andere Mensch vor der Ehe zu prüfen. Zu prüfen, ob diese Bindung Gottes Wille ist, ob es einfach Liebe ist!

Die Neandertaler

Die Neandertaler lebten in Höhlen. Nicht ein Mann, eine Frau und ihre Kinder. Nein, viele Männer, viele Frauen und viele Kinder.

Damals wusste sicher niemand, wie die Kinder zustande kamen. Schon gar nicht, welches Kind von welchem Vater gezeugt wurde. Ich kann mir vorstellen, dass es auch noch nicht das Gefühl der „Zweisamkeit" gab und daher gab es auch keine „Ehepaare" oder „Familien" in unserem Sinne.

Vielweiberei

In den arabischen Ländern, besonders bei den Nomaden, ist es verpflichtend, dass ein Mann bis zu fünf Ehefrauen hat.

Die Verpflichtung besteht, wenn ein verheirateter Mann stirbt. Dann muss ein anderer verheirateter Mann die Witwe und ihre Kinder annehmen. Die Frau und die Kinder wären ohne Mann nicht beschützt und würden sonst verhungern, da es der Mann ist, der Sorge für die Ernährung trägt.

Diese Regel trägt zum Wohle aller bei und verfolgt nicht das Ziel, sexuelle Bedürfnisse zu erfüllen.

Onanie

Onanieren wird ein sexuelles Verhalten genannt. Dieses Wort stammt aus dem Alten Testament (Gen. 38,6-10).

„Juda nahm für seinen Erstgeborenen Er eine Frau namens Tamar.
Aber Er, der Erstgeborene Judas, missfiel dem Herrn und so ließ ihn der Herr sterben.

Da sagte Juda zu Onan: Geh mit der Frau deines Bruders die Schwagerehe ein und verschaff deinem Bruder Nachkommen!

Onan wusste also, dass die Nachkommen nicht ihm gehören würden. Sooft er zur Frau seines Bruders ging, ließ er den Samen zur Erde fallen und verderben, um seinem Bruder Nachkommen vorzuenthalten.

Was er tat, missfiel dem Herrn und so ließ er auch ihn sterben."

Dadurch verstehe ich auch, weshalb zu Kindern oft gesagt wird, wer „onaniert" stirbt deswegen.

Single

Single heißt „einzeln", also „alleine lebend". Ich bin überzeugt, dass es die wenigsten Singles gerne tun. Es leben viele Menschen allein, weil sie noch nicht den richtigen Partner gefunden haben, mit dem sie sich vorstellen können, in Liebe gemeinsam alt zu werden.

Andere alleinlebende Menschen haben wohl Partner, mit denen sie aber nicht zusammenleben, weil sie die sogenannte „Freiheit" mögen oder mit dem Partner oder der Partnerin keine Arbeit haben wollen. Sie wollen nur Sex oder bei den Freizeitaktivitäten nicht allein sein.

Homosexualität - kein Grund zum Verzweifeln
11/12 HdF

Da ich Mütter in der Trauer begleitete, deren erwachsene Kinder sich wegen ihrer Homosexualität das Leben genommen haben, will ich hier über Homosexualität schreiben.

Homosexualität zerstört zwar nicht die Umwelt, aber kann unsere Gesellschaft irritieren. Wir wurden als Mann und Frau mit den uns zugeteilten Eigenschaften erschaffen. Männer zeugen die Kinder und die Frauen gebären sie.

aus WIKIPEDIA:

Homosexualität ist ein Wort, das je nach Verwendung sowohl gleichgeschlechtliches sexuelles Verhalten, erotisches und romantisches Begehren gegenüber Personen des eigenen Geschlechts als auch darauf aufbauende Identitäten bezeichnen kann – etwa sich selbst als lesbisch oder schwul zu definieren.

Homosexuelles Verhalten, homosexuelles Begehren und homosexuelle Identität fallen demografisch nicht zwingend zusammen und müssen deshalb in der Forschung genau unterschieden werden. In der Umgangssprache werden diese Aspekte jedoch häufig vermischt oder miteinander gleichgesetzt.

Sexuelle Handlungen zwischen Männern und zwischen Frauen wurden in verschiedenen Epochen und Kulturen ganz unterschiedlich behandelt: teils befürwortet und toleriert, teils untersagt und verfolgt. Eine besondere Rolle spielen dabei die drei monotheistischen Weltreligionen, deren Schriftgelehrte den sexuellen Verkehr zwischen Männern auf der Basis von Bibel, Tora und Koran in der Regel als „Sünde" betrachteten, auch wenn liberale Strömungen mit dieser exegetischen Tradition heute zunehmend brechen.

Gleichgeschlechtliche Liebe und Lust sind in allen Gesellschaften und historischen Epochen durch entsprechende Quellen nachweisbar. Dagegen gilt die Entstehung homosexueller Identitäten heute als das Resultat von Entwicklungen der modernen Gesellschaft, die ungefähr im 18. Jahrhundert unserer Zeitrechnung einsetzten, wie Städtewachstum, Bürokratisierung und die kapitalistische Versachlichung sozialer Beziehungen.

Ich bin nicht lesbisch, wie man es bei Frauen nennt - auch in meiner Familie ist niemand homosexuell, das muss ich dazu sagen, damit sie mich besser verstehen können.

1993 war die Friedenskonferenz in Wien, bei der wir NGO´s zum ersten Mal bei Vorträgen dabei sein durften - nicht bei der Konferenz selbst, das war dann erst 2 Jahre später bei der Friedenskonferenz in der UNO in Genf möglich.

Während der Konferenz ging ich mit einem Friedensfreund vom Vienna International Center zum Donauturm, weil dort der Dalai-Lama untergebracht war. Aus politischen Gründen wurde ihm die Teilnahme an der Friedenskonferenz verwehrt. Im Vorbeigehen sah ich einen Aushang, in dem eine lesbische Organisation einen Vortrag angeboten hatte. Überrascht darüber sprach ich den Friedensfreund darauf an, dass auch „die" hier vertreten sind.

Meine Überraschung dürfte der Friedensfreund als Ablehnung ausgelegt haben, denn er sagte: „Ilse, warum reagierst du so, grad von dir erwartete ich eine andere Einstellung." Ich antwortete darauf: „Weißt du, ich bin für alles offen und lasse jeden sein eigenes Leben gestalten, weil jeder für seine eigene Seele verantwortlich ist. Aber bei der Sexualität habe ich das Gefühl, dass Gott eindeutig zeigt, was er mit Mann und Frau vorhat. Man sieht es an den beiderseitigen Geschlechtsteilen, wie sie zusammenpassen."

Wenn ich mit meinen Töchtern über Homosexualität reden wollte, wehrten sie mich mit der Antwort ab: „Mama, da geht es um Liebe, nicht um Sexualität." Ich kam trotzdem nicht zu Rande und wusste damals noch nicht, dass einer der Freunde meiner Töchter sich kurz vorher zur Homosexualität bekannt hat.

In der evangelischen Akademie nahm ich an einem roundtable- Gespräch der verschiedenen Religionen und Konfessionen als Zuhörerin teil. Der jüdische Oberrabbiner erschien nicht, weil, wie er in einem Schreiben mitteilte, es bei Juden keine Homosexualität gäbe. Die anderen Vortragenden brachten mir keine neuen Erkenntnisse.

Erst durch meine Arbeit als Humanenergetikerin, kam ich zu der Erkenntnis, dass Homosexualität durch energetische Blockaden, die schon Generationen vorher entstanden sind, ausgelöst wurden. Diese Blockaden kann man aber in der Gegenwart ablösen.

Ich glaube, es waren die Kriege – nicht nur die Weltkriege, schon die Kriege im Mittelalter und noch länger zurück, die verursachten, dass sich manche Menschen sexuell oder emotional zum gleichen Geschlecht hingezogen fühlen. Den Männern wurden in Kriegsgebieten oft Frauen zugeführt, damit sie Sex mit ihnen haben konnten. Auch „Brom" wurde den Soldaten ausgegeben, das den sexuellen Drang minderte. Doch ich kann mir vorstellen, dass manche Männer mit Kameraden sexuelle Handlungen durchführten. Dabei, oder dadurch konnte sich auch in manchen Fällen ein Liebesgefühl zum gleichen Geschlecht entwickeln. Aber durch dieses Verhalten bzw. Handlungen, haben sich im Unterbewusstsein Blockaden gebildet.
Diese Blockaden wurden wie alle anderen Blockaden, mit den Genen weitergegeben. Sie kamen nicht bei jeder Generation, auch nicht bei jedem Nachkommen, da noch andere Eigenschaften mitwirken, an die Oberfläche. Wenn doch, wurde es geheim gehalten. Jetzt im Alter des Wassermannes/Freigeist wird die Homosexualität von vielen Menschen öffentlich gelebt.
Doch nicht jeder Mensch, der wahrnimmt, dass er sich sexuell zu gleichgeschlechtlichen Menschen hingezogen fühlt, ist damit glücklich. Viele kämpfen jahrelang dagegen an, aber umso stärker wird der Zwang. Für diese Menschen gibt es die Möglichkeit der Blockadenablöse. Automatisch und mit Leichtigkeit stellt sich nach der Ablöse eine andere Wahrnehmung ein. Die Menschen fühlen sich zum anderen Geschlecht hingezogen und nicht mehr zum gleichen Geschlecht. Das andere Geschlecht ist wieder begehrenswert.

Ebenso war es wahrscheinlich bei den Frauen, die ohne Männer zurückblieben. Meine Mutter erzählte mir Folgendes. Zu ihr kam öfter eine Freundin aus Wien und blieb einige Tage bei ihr. Sie schliefen gemeinsam in den Ehebetten. Eines Nachts wurde meine Mutter schreiend wach, weil sie von ihrer Freundin geküsst wurde. Ich kann mir vorstellen, dass bei solchen Begebenheiten es sich wie bei den Soldaten im Krieg entwickelte, dass manche Frauen nur Frauen begehren.

Liebe leben + erleben

Erich Fromm schreibt in: „Die Kunst des Liebens":

„Ist Liebe Kunst? Wenn es das ist, dann wird von dem, der diese Kunst beherrschen will, verlangt, dass er etwas weiß und dass er keine Mühe scheut. Oder ist die Liebe nur eine angenehme Empfindung, die man rein zufällig erfährt, etwas, was einem sozusagen in den Schoß fällt?"

Zu wenig oder fehlendes S̲elbstbewusstsein, S̲elbstwertgefühl, Selbstliebe und S̲elbstvertrauen, sind allgemein der Grund für Zwist, Streit und Böswilligkeit bis hin zu Kriegen. So auch in der Ehe. Hat jemand genug dieser „4 S" fühlt er sich nicht so leicht verletzt und hat selbst kein Bedürfnis zu verletzen.

Das Gefühl Liebe zu einem Partner ist ein anderes, wie zu den Kindern oder einem Freund bzw. einer Freundin. Ich glaube, dass es nicht unbedingt der Sex ist, der den Unterschied ausmacht. Sonst wäre zwischen Paaren, die aus welchen Gründen auch immer keinen Sex haben können, nur Freundschaft oder Geschwisterliebe. Doch bin ich der Meinung, dass der Sex aus Liebe, das „Einswerden" verstärkt. Oder anders formuliert, der Sex sollte der i-Punkt der Liebe in der Partnerschaft sein.

Die Treue ist für mich ein Bestandteil der Liebe.

Ein altes Sprichwort trat mir einmal bei einer Liebesmeditation ins Bewusstsein: „Streut Blumen der Liebe bei Lebenszeit und bewahret einander vor Herzeleid". Das möchte ich besonders betonen:
„Die gelebte Liebe ist es, die Gott von uns verlangt."

Ich erlebe immer wieder, dass die Liebe die beste Stütze und die stärkste Kraft ist. Liebe allgemein, daher sollte zwischen Mann und Frau die Liebe herrschen, weil sie dadurch vieles bewältigen können, was ohne Liebe oft nicht möglich ist. Die Liebe wächst durch den liebevollen Umgang miteinander. Die Stimme, die Gesten, vielsagende Blicke, fördern die Harmonie und Liebe.

Noch eines ist bei der Liebe wichtig: „die Wahrheit".

Ich habe mir die Aufgabe gestellt, Menschen in ihrer Trauer zu begleiten. Ehrenamtlich, das heißt: „aus Nächstenliebe". Beim Erstgespräch das ich unter „4 Augen" führe, stellt sich allerdings oft heraus, dass es nicht nur der Abschiedsschmerz ist, unter dem der Gesprächspartner leidet, sondern sehr oft ist es ein Nachholbedarf von versäumter Liebe. Entweder hat der trauernde Mensch zu wenig bekommen oder zu wenig gegeben, oder konnte die Liebe zu wenig zeigen oder sie aussprechen. Vielleicht konnte er die Liebe nicht annehmen.

Viele Menschen sind der Meinung: „Ich liebe ihn (den anderen Menschen) so sehr, das muss er doch fühlen." Wahrscheinlich fühlt der Andre das auch, aber das ist nicht genug. Wir müssen es ihm auch sagen. Niemand fällt eine Perle aus der Krone, wenn man sagt: Ich hab` dich lieb - du gefällst mir - es ist schön, dass es dich gibt, oder ich liebe dich.
Diese Worte können Wunder bewirken und Berge versetzen. Sie können Kraft geben und Mut machen. Sie können ein Herz öffnen und Steine erweichen. Solche Worte sind oft die Bestätigung einer Vermutung und nehmen die Unsicherheit. Für mich ist es immer wieder wunderbar, wenn ich merke, wie erleichtert die Menschen nach den Übungen (z.B.: Rollenspiele) die wir gemeinsam machen, sind. Nicht immer genügt nur ein Gespräch. Es sind die kleinen Schritte, die viel in uns bewirken können und welche uns lehren, sich in Zukunft zu unserem Partner oder den uns nahestehenden Personen anders zu verhalten als bisher.

Was mir noch wichtig erscheint, ist die Einstellung: „Mein Partner will mich nicht verletzen, denn er liebt mich." Mit dieser Einstellung kann man ganz anders bei Meinungsverschiedenheiten umgehen.

Blicke sprechen lassen kann man lernen, indem man die Liebe fließen lässt. Bei der großen Liebe habe ich oft, wenn wir unter Menschen waren, den Blick gesenkt, weil ich nicht wollte, dass jeder meine Liebe zu diesem Mann sehen kann.

Ein anderes konkretes Beispiel eines meiner Verhaltenseigenschaften, die wir aber kürzlich ablösten: Es stellte sich heraus, dass ich durch Blockaden, die ich von meinem Großonkel übernommen habe, so tue als würde ich den Mann, den ich liebe, nicht sehen bzw. ihn übersehen.

Es war eine Unart von mir, über die ich mich oft ärgerte, doch ich schaffte es nicht, mich anders zu verhalten. Ich hatte Angst meine Gefühle offen zu zeigen bzw. zu meinen Gefühlen zu stehen. Nun übernehme ich die Verantwortung dafür, meine Gefühle nicht mehr unter einer Maske zu verstecken.

Osho schreibt im Buch: „Beziehungsdrama oder Liebesabenteuer".
„Liebe soll eine Hinwendung von Herz zu Herz sein, die noch nicht einmal wörtlich formuliert wird, denn durch Worte wird alles herabgewürdigt.
Es soll ein schweigendes Einverständnis zwischen zwei Augenpaaren, zwei Herzen, zwei Seelen sein, so selbstverständlich, dass es nie ausgesprochen werden muss."

Ich bin der Meinung, wir sollten es trotzdem dem Partner auch sagen. Unsere jetzige Zeit ist so schnelllebig, unsicher und intensiv, dass die Wahrnehmung oft im Strudel der Zeit untergeht – daher bitte trotz allem Fühlen – auch aussprechen.
Liebe wahrnehmen und lieben lernen kann man z.B. mit folgender Übung:
Mit dem Rücken auf den Boden legen und die Arme ausbreiten.
Spüren Sie, wie Ihr Körper den Boden berührt.
Atmen Sie ruhig und gelassen und beobachten dabei Ihren Atem.

JETZT STELLEN SIE SICH VOR, GOTT IST DA.
KÖNNEN SIE IHN FÜHLEN?
KÖNNEN SIE IHN WAHRNEHMEN?

ER SAGT IHNEN, ER LIEBT SIE, - WEIL SIE MENSCH SIND, - EGAL WIE SIE LEBEN UND WAS SIE TUN.

ER SAGT IHNEN, DASS ER SIE BEDINGUNGSLOS LIEBT.

WAS FÜHLEN SIE? – GENIESSEN SIE DIESEN AUGENBLICK.

FÜHLEN SIE NUN, WIE ZÄRTLICHE LIEBE AUS IHREM HERZEN FLIESST.
LASSEN SIE SIE FLIESSEN!
Wenn Sie das Gefühl haben, es ist genug, machen Sie einige Atemzüge und kehren geistig in den Raum zurück.

Liebesmeditation

Diese Meditation hilft Ihnen einer früheren Liebe zu verzeihen oder sich mit einem gegenwärtigen Partner zu versöhnen.

Schalten Sie Telefon und Türglocke ab.
Suchen Sie sich einen angenehmen Platz zum Sitzen oder Liegen.

Nun schließen Sie die Augen und beobachten Ihren Atem - wie er fließt. Wie sich die Brust hebt und senkt beim Ein- und Ausatmen.

Nun sage Sie sich, dass Sie auf dem Gipfel des Berges der Unendlichkeit stehen.

Öffnen Sie Ihre INNEREN Augen und genießen die Aussicht. Sie ist wunderschön.

Nehmen Sie die Ruhe und den Frieden in sich auf.

Vor Ihnen liegt die Gegenwart.

Sie gehen auf die Wolken zu und sagen Ihrem Geist (Schutzengel etc.), dass Sie jetzt alle Verletzungen heilen werden, die Sie in der Liebe erlitten oder anderen zugefügt haben.

Folgen Sie Ihrem „inneren Gefühl"!

Wenn Sie den Ort verlassen möchten, sagen Sie einfach: „Ich gehe jetzt zurück auf den Berg der Unendlichkeit:" Machen Sie einige Atemzüge und kehren Sie ins Hier und Jetzt zurück.

Osho schreibt auf der Rückseite von "Beziehungsdrama oder Liebesabenteuer":
Textauswahl zum Thema Liebe, Beziehung, Ehe.
Ein Mensch, der liebt und frei ist, ist das Schönste, was es auf der Welt gibt. Und wenn sich zwei Menschen in solcher Schönheit treffen, ist ihre Beziehung überhaupt keine Beziehung. Es ist ein Sich-Beziehen. Es ist ständiges, flussgleiches Strömen, ein Wachstum den größten Höhen entgegen. Der höchste

Gipfel der Liebe und Freiheit ist die Erfahrung des Göttlichen. Dort findest du beides: unendliche, totale Liebe und totale Freiheit.

Ich glaube die Liebe ist das Nachhaltigste. Sie geht über den Tod hinaus und gibt uns die Kraft eine lebenswerte Welt zu schaffen. Daher ist sie das wertvollste „Instrument", das uns den Himmel näherbringt bzw. uns dem Himmel näherbringt.

FRIEDEN
Es gibt keinen Weg zum Frieden,
denn Frieden ist der Weg.

Mahatma Gandhi

Zurzeit sind wir von Umweltkatastrophen und Terror bedroht. Millionen Menschen sind auf der Flucht vor Gräueltaten und auf der Suche von besseren Lebensbedingungen.

Wenn wir es schaffen, das zu ändern, können wir wiederholen, was Jesaja vor über 3.000 Jahren sagte/schrieb: „Dann schmieden sie Pflugscharen aus ihren Schwertern / und Winzermesser aus ihren Lanzen. Man zieht nicht mehr das Schwert, Volk gegen Volk, / und übt nicht mehr für den Krieg." Jesaja 2,4

Was ist Frieden

Seit meiner frühesten Kindheit habe ich das Bedürfnis nach Frieden und Harmonie. Wer nicht, werden Sie sich jetzt fragen und damit haben Sie vollkommen recht. Doch so wenige Menschen setzen sich aktiv dafür ein, bzw. verhindern Streit oder Kampf. Ich aber wollte vom Frieden nicht nur träumen. Ich wollte ihn leben. Es war nicht immer eine leichte Aufgabe für mich den Frieden zu leben, aber es hat sich gelohnt, denn ich habe deshalb Frieden in meinem Herzen gefunden.

Wir reden oft vom Frieden, aber was ist Frieden überhaupt?

Im Internet bei Wikipedia wird er so beschrieben: *„**Frieden** (älterer Nominativ: **Friede**) ist allgemein definiert als ein heilsamer Zustand der Stille oder Ruhe, als die Abwesenheit von Störung oder Beunruhigung und besonders von Krieg. Frieden ist das Ergebnis der Tugend der „Friedfertigkeit" und damit verbunder Friedensbemühungen."*
„Frieden" ist im heutigen Sprachgebrauch der allgemeine Zustand zwischen Menschen, sozialen Gruppen oder Staaten, in dem bestehende Konflikte in rechtlich festgelegten Normen ohne Gewalt ausgetragen werden. Der Begriff bezeichnet einen Zustand in der Beziehung zwischen Völkern und Staaten, der den Krieg zur Durchsetzung von Politik ausschließt.

In der Sprache deutschsprachiger Juristen ist von „Frieden" auch im Zusammenhang mit innenpolitischen Auseinandersetzungen (Straftatbestand des Landesfriedensbruch), mit dem Arbeitsleben (Störung des Betriebsfriedens als Kategorie des Betriebs-Verfassungsgesetzes) und mit dem Schutz des Privateigentums (Straftatbestand des Hausfriedensbruchs) die Rede. Zur Kennzeichnung von Grundstücken, die gegen Hausfriedensbrüche geschützt werden sollen, werden diese oft eingefriedet.

In der Sprache der Psychologie und der Theologie gibt es den Begriff „Seelenfrieden" (vgl. den englischen Begriff "peace of mind" oder "inner peace"); diesen sollen Lebende anstreben und Verstorbene auf dem Friedhof bzw. im Jenseits finden.

Friede im Herzen.

Der Friede beginnt im eigenen Herzen. Um so weit zu kommen, ist es oft ein schwerer Weg. Man kann noch so friedfertig sein, es wird immer wieder Meinungsverschiedenheiten geben, die in Streit ausarten können. Wichtig ist es, wie man damit umgeht.

In meiner Jugend habe ich öfter aus Spaß gesagt: „Ich fange keinen Streit an, aber ich schlage fünffach zurück." Es war mit Worten gemeint und sollte eine abschreckende Mahnung sein, mit mir keinen Streit zu beginnen.

Seit mein Kletterpartner 1976 tödlich verunglückte, sage ich das nicht mehr. Ich will es nie mehr erleben, etwas Gesagtes bereuen zu müssen und siebzehn Jahre lang Schuldgefühle in mir herumtragen. Mein Kletterpartner, den ich acht Jahre lang kannte, aber mit dem sich zweieinhalb Jahre vor seinem Tod eine innige Freund- und Seilschaft entwickelte, wollte mich zur Frau haben, aber er war mir zu sehr Lebemann. Ich gab ihm als Antwort, er solle sich eine andere Frau fürs Leben nehmen und mich als Kameraden zum Klettern behalten. Ein ganzes Jahr nach seinem plötzlichen Tod konnte ich kein lautes Wort aussprechen. Die Ärzte meinten, es sei eine Kehlkopfentzündung. Heute weiß ich, dass es psychisch war. Im Unterbewusstsein wollte ich mich für das bestrafen, was ich aus Angst vor Bindung ausgesprochen habe und wofür ich mich bei ihm nicht mehr entschuldigen bzw. es nicht mehr zurücknehmen konnte.

Zwölf Jahre später kam noch der Unfall dazu, bei dem ich einen Herzstillstand überlebte. Auch das war ein plötzlicher Tod. Nachdem ich bei dem Unfall wieder ins Leben eingetreten war, wollten mich Leute umdrehen, da ich auf der Straße auf dem Bauch lag. Vor Schmerzen konnte ich nicht reden und presste mühsam heraus: „Wartet bitte noch". Dann bereitete ich mich darauf vor, wenn mich die Leute auf den Rücken drehen, dass ich dann endgültig tot bleiben würde. Erst wusste ich nicht, was ich zu tun habe, wenn ich jetzt sterbe, aber dann kam ein Satz, der lautete: „Alle, die ich verletzt habe, verzeiht mir bitte." Es war, als käme dieser Satz von außen und strömte durch den Scheitel in meinen Kopf. Ich musste ihn in Gedanken einige Male wiederholen, bis ich seine Bedeutung verstand. Dann dachte ich: „Ja, das will ich."

Wegen dieser beiden Erlebnisse habe ich von meinen Eltern und Geschwistern viele Verletzungen hingenommen. Es sollte niemand von uns sterben und ich müsste wieder siebzehn Jahre lang Schuldgefühle haben, weil ich etwas Verletzendes ausgesprochen habe oder, ich müsste im Tod etwas bereuen. Oft kam ich mir vor, als würde ich zur Opferbank geführt.

Doch es hat sich gelohnt. Das Sterben meiner Eltern war für mich bei jedem von beiden ein Bilderbuch-Sterben. Das letzte Jahr vor seinem Tod hat sich mein Vater für einiges bei mir entschuldigt, was er vorher nie gemacht hat. Mein Vater ist im August 2003 im 92. Lebensjahr in Frieden eingeschlafen. Das letzte Jahr mit meiner Mutter habe ich schwer daran gearbeitet, ihr alles zu verzeihen, was sie mir seit meinem zwölften Lebensjahr auferlegt und „angetan" hatte. Beim letzten Besuch bei ihr spürte ich, dass wir uns das letzte Mal umarmen, obwohl sie gesund war, beziehungsweise es schien, als ob sie gesund wäre. Zwei Wochen danach war sie tot. Ich danke Gott für diese Führung und Fügung. Ich habe für meine Eltern alles getan, was in meiner Macht war. Meine Eltern haben mich z.B. mit einem Vorwand enterbt. Anstatt dass ich gesagt hätte, wie sehr sie mich damit verletzten, habe ich gesagt: „Das Beste, was ihr machen konntet war, mich zu enterben, denn jetzt seht ihr, dass ich alles was ich für euch mache aus Liebe geschieht und nicht, weil ich mir von euch etwas erwarte."

Meine Eltern sind jetzt dort, wo es den ewigen Frieden gibt. Dort, wo ich auch schon gerne wäre.

Der ausgeprägte Wunsch nach Frieden
Im Mai 1944 beim letzten Heimaturlaub meines Vaters vor Kriegsende, wurde ich gezeugt. Und zwar nur deswegen, weil sich meine Mutter unbedingt ein Kind wünschte.

Zufälle sind das, was uns „zufällt". Solche Zufälle gibt es eine Menge in meinem Leben. So z.B.: Meine Mutter und mein Vater sind beide, Wassermann. Ich als die einzige von 4 Kindern bin ein Wunschkind und ein Wassermann wie beide Eltern.

Vor einigen Jahren bei der Ausbildung für Systemaufstellungen stellte sich heraus, dass ich deswegen das einzige Wunschkind bin, weil meine Mutter Hitler einen Jungen schenken wollte. Daraufhin war ich bestürzt und entsetzt und habe Tage und Nächte gebraucht, um das annehmen zu können. Als ich meinen beiden Töchtern davon erzählte, meinte ich dazu: „Ich bin ihr aber dankbar, dass sie Papa zu meinem Vater gewählt hat." Dann musste ich lachen, weil jeder Mann, den meine Mutter dafür gewählt hätte, mein Vater gewesen wäre. Ich habe mich berichtigt und gesagt: „Ich bin ihr dankbar, dass sie ihren Mann zu meinem Vater gemacht hat." Ich weiß aber auch, dass sie mich geliebt hat, obwohl ich kein Bub geworden bin.

Gott hat die Weichen gestellt. Ein Sprichwort sagt ja: „Der Mensch denkt und Gott lenkt." Ich wurde kein Junge, sondern ein Mädchen. Ich bin harmoniesüchtig und nicht kampffreudig oder streitsüchtig. Schon gar nicht will ich die ganze Welt erobern, aber ich würde gerne der ganzen Welt Frieden bringen.

Als ich 14 Jahre alt war, „eiterte" mein ungeborener Zwilling aus meiner Hüfte. Das war ein Erlebnis, woran sich meine Eltern bis zu ihrem Tod und meine Schwester heute noch erinnert.

Als ich 56 Jahre alt war, kam immer wieder mein ungeborener, inzwischen weiß ich, dass es ein Bruder war, zum Tragen.
Bei der weiterentwickelten kinesiologischen Ausbildung „Three in One" stellte sich bei den Übungsarbeiten folgendes heraus. Mein Zwillingsbruder hat mich weder verlassen, noch habe ich ihn verdrängt, weil ich ihn nicht an meiner Seite haben wollte. Dass er im Mutterleib

abgestorben ist, war ein ganz anderer Grund. Er war 5 Monate lang mit der Liebe, die jeden von uns Gott mitgegeben hat an meiner Seite. Dann hatte er seine Aufgabe erfüllt, ich übernahm seine Liebe und er durfte dahin zurück, wo ich schon gerne wäre. Dorthin, was wir Christen Paradies oder Himmel nennen. Dahin wo es nur Frieden gibt.

Die zusätzliche Liebe meines Bruders hat den Wunsch nach Frieden geprägt, denn „Frieden ist Liebe" und „Liebe will Frieden".

Als ich das 1. oder 2. Jahr zur Schule ging, haben meine Freundin und ich gestritten. Meine Freundin wollte mit mir raufen, wie es bei Kindern üblich ist, aber dieses Mal sagte ich zu ihr: „Marianne, raufen ist doch nicht die Lösung. Nur dumme Menschen raufen." Sie hat sich darauf eingelassen und ich war darüber erleichtert. Wir haben auch nie mehr miteinander gerauft.

Bei meinem um zwei Jahre jüngeren Bruder gelang mir das erst, als ich stärker wurde als er. Als er noch schwächer war als ich, nahm er bei einem Streit immer Stangen aus Holz oder Metall und drehte sich dabei mit einer Schnelligkeit, dass er mich damit verletzte, wenn ich nicht schnell genug aus seiner Nähe kam. Dann kam die Zeit, wo er als Bub stärker war als ich, obwohl ich um zwei Jahre älter bin als er, aber als Mädchen schwächer als ein Bub. Da schlug er mich oft so lange, bis ich weinte.

Das Blatt wendete sich als ich schon etwa 12 Jahre alt war und stärker als er. Beim ersten Mal dachten wir wahrscheinlich beide, dass es ein Zufall war. Doch nach dem dritten oder vierten Mal, nach dem ich ihn am Boden „festnagelte", so nannten wir es, weil er auf dem Rücken am Boden lag, ich auf ihm gesessen bin und seine Arme ausgestreckt am Boden festhielt, hat er es endlich aufgegeben. Er konnte zwar mit den Beinen strampeln, doch er konnte mich damit nicht verletzen. Ich ließ ihn erst los, wenn er versprach, mich nicht mehr zu schlagen oder zu quälen. Doch wie gesagt, beim ersten Mal funktionierte es nicht.

Als wir erwachsen waren, waren wir ein Herz und eine Seele, bis er, nachdem die ganze Familie mitgeholfen hat, damit er sich eine gut gehende Bäckerei in Wien erwerben konnte, neureich wurde.

Er legte eine unschöne Art an den Tag, war überheblich bis zum geht nicht mehr. Bis ich eines Tages zu ihm sagte, er solle vom hohen Roß` herabsteigen, denn wir wissen, woher es kommt (sein vermeintlicher Reichtum). Er nannte mich beim nächsten Familientreffen eine Hure und er werde mich mit Brennnesseln aus dem Elternhaus jagen. Ich war logischerweise tief verletzt. Er hat sich auch bis heute bei mir nicht dafür entschuldigt. Weil er manchmal nett sein konnte und im nächsten Moment „hatte ich sein Messer im Rücken", mied ich manchmal Familientreffen, weil ich mir vorstellen konnte, dass ein Streit eskalieren würde.

So zum Beispiel setzte ich mich zur Erstkommunion meines kleinen Neffen nicht zur Familie, sondern stand hinten in der Kirche, da wurde ich von der Familie nicht gesehen.

Ich wollte ihm immer verzeihen und konnte nicht verstehen, dass ich das als Friedensaktivistin nicht schaffte. Es war etwa zwanzig Jahre später eines Sonntags, da hatte ich den zündenden Funken. Ich betete: „Gott, ich kann ihn nicht lieben, liebe DU ihn umso mehr." Gleichzeitig fühlte ich es wie Balsam auf meiner Seele und dachte: „Wenigstens mir habe ich damit geholfen." Zwei Wochen später feierte seine Frau ihren 50. Geburtstag, wozu ich und meine beiden Töchter eingeladen waren. Ich mache keine teuren Geschenke mehr wie früher und brachte meiner Schwägerin unter anderem das Buch von Anselm Grün „50 Engel für das Leben" mit. Nach dem Essen verstreuten sich die Gäste im Garten und meine Eltern und ich plauderten. Sie wollten, dass ich ihnen über die Krankheit meiner Tochter erzähle. Diese war wochenlang am ganzen Körper gelähmt und wir wussten lange nicht, weshalb. Doch zu dieser Zeit waren alle Lähmungen geheilt und wir wurden inzwischen von den Ärzten aufgeklärt, wodurch sie ausgelöst wurden. Während des Erzählens spürte ich plötzlich den Blick meines Bruders. Er saß allein drei Heurigentische entfernt (die aneinandergereiht waren) und sah mich an. Sein Blick war so, dass ich dachte: „Wenn er nicht mein Bruder wäre, würde ich denken, er ist verliebt ihn mich." Beim Verabschieden sagte er zu mir: „Danke, dass du da warst." Ja, Gebete, die vom Herzen kommen, wirken eben Wunder.

Weil ich ein Teil dieses Volkes bin

Während der Ausbildung zum Integralen Coach, machten wir viele Aufstellungen. Bei einer Aufstellung machte ich folgende Erfahrung über mich.

Mir ging es gut bei den Betrachtungen und Erklärungen der Aufstellungen, bis eine Aufstellung war, in der es Kriegsopfer gab. Erst wunderte ich mich, wie gelassen ich das Geschehen beobachten konnte, bis der Vater zu seinem Sohn, der im Krieg gefallen war, auf die Frage: „Warum hast du mir das angetan?", zur Antwort gab, „Weil ich ein Teil dieses Volkes bin". Da strömten die Tränen wie ein Sturzbach aus meinen Augen. Ich weiß nun, dass ich mich schuldig fühle, weil ich ein Teil dieses Volkes bin, das so viel Unheil in der Welt verursachte.

Gewalt pflanzt sich fort

Ich war begeistert, als meine Tochter diesen Poster vom Gymnasium nach Hause brachte.
Es wurde das Thema „Friede" verlangt und die Professorin meinte, dass das Thema hier verfehlt wurde und gab meiner Tochter dafür eine schlechte Note.

Für mich ist die Aussage dieses Bildes, dass mit Waffen kein Friede erlangt wird, sondern, es werden nur Gegenkämpfe hervorgerufen. Denn Gewalt löst Gewalt aus. Sie pflanzt sich so fort, wie auf diesem Poster.

Daher müssen Schwerter zu Pflugscharen geschmiedet werden, damit nicht gekämpft wird.

Die größte Enttäuschung meines Lebens
Die Kriegsgeneration hatte es bei der Vergangenheitsbewältigung sehr schwer, weil es nach dem Krieg keine Therapeuten gab, die mit den ehemaligen Soldaten oder der Bevölkerung, die durch das Kriegsgeschehen zu leiden hatten, gesprochen hätten. Das wurde uns bei Seminaren, in denen es um den Umgang mit alten oder dementen Menschen ging, gesagt. Ich war auch dieser Meinung, bis ich vor etwa zwanzig Jahren, einige Wochen vor Weihnachten eine andere Erfahrung machte.

Meine Eltern verarbeiteten sehr gründlich. Mein Vater hatte 1939 die Ausbildung als Sanitäter gemacht und war von Anfang 1940 bis 1945 als Sanitäts-Unteroffizier an vorderster Front. Meine Mutter war mit uns beiden Kindern, meine Schwester sieben Jahre und ich sechs Wochen alt, geflüchtet. Jahrelang erzählten sie von ihren Erlebnissen im Krieg.

Ich, die immer schon außergewöhnlich sensibel war, habe fürchterlich darunter gelitten. Ich ging nachts durchs Haus, machte dies und jenes, wusste aber am nächsten Tag nichts mehr davon. Ich litt an Alpträumen, in denen ich mich unter riesigen Steinen am Bach versteckte, damit mich die Bomben nicht treffen konnten. Von den Eltern fühlte ich mich im Traum verlassen, obwohl ich noch so klein war, dachte ich dabei. Ich will tot sein, damit mir diese Bomben nichts anhaben können - und immer diese schreckliche Angst. Es waren oft wahnsinnig angstvolle Nächte für mich. Über die Angstträume hat mich nie jemand gefragt, aber wegen der Nachtwanderungen verbot mir der Arzt das Kaffeetrinken. Dabei waren in unserem Kaffee sowieso so wenig Kaffeebohnen enthalten, wie im Volksmund gesagt wird: „Die Bohne wird nur am Kaffee vorbei getragen". Es änderte sich dadurch auch an meinen Schreckensträumen nichts.
Meine Mutter wusste wohl von meinen Alpträumen, aber nicht was in den Träumen geschah. Als mir einmal eine Frau von der Trudt (ich glaube man schreibt sie so, sie setzt sich nachts auf die Brust der Menschen) erzählen wollte, bat sie meine Mutter, nicht darüber zu reden, weil ich dann gleich schlecht schlafe.

Ich persönlich wusste nicht, wo meine lebenslangen, manchmal sogar panischen Ängste herkamen, bis es mir eben vor zwanzig Jahren zu Weihnachten schmerzlich bewusst wurde, und zwar so:

Mein Vater hatte in den Jahren im Krieg Tagebücher geschrieben und diese, trotz Regen, Schnee und Gefangenschaft, mit nach Hause gebracht. Früher hat er uns auch oft daraus vorgelesen.

Als wir erwachsen waren, hat er sie meiner Schwester, der Erstgeborenen von uns vier Kindern geschenkt, da sie die Einzige von uns war, die den Krieg miterlebt hat. Die Erzählungen ihrer Erinnerungen habe ich unauslöschlich in mich aufgenommen. Sie erzählte mir auch, sie hätte beim Lesen der Tagebücher ohne Unterbrechung geweint.
Bevor ich dann die Tagebücher gelesen habe, habe ich deshalb sehr viel gebetet, meditiert und den Rollbalken vor meinem Brust-Chakra, wo ich meine Seele vermute oder fühle, heruntergelassen. Diese Handlungen habe ich inzwischen gründlich gelernt, trotzdem nicht gut genug, wie ich sehr oft erfahren musste, so auch dieses Mal.

Durch das Abschotten war ich von den Tagebüchern damals enttäuscht. Nur beim letzten Satz, der in Großbuchstaben geschrieben war, wurde ich berührt. Es ist aber auch klar, weil mir die Tagebücher wie ein Kriegsbericht vorkamen, in denen nichts von Sehnsüchten oder Heimweh stand. Doch zum Abschluss, als er Fanny (die Schwester meiner Mutter) fragte, ob ich ein Mädchen oder Junge geworden sei und die Tante antwortete darauf: „Die werden alle drei nicht mehr leben." stand der Satz:

„DAS WAR DIE GRÖSSTE ENTTÄUSCHUNG MEINES LEBENS !!!!"

Als mir mein Vater erzählte, dass er sich mit den Tagebüchern beschäftigt und möchte, dass sie jemand ins Reine schreibt, wollte ich ihm damit ein Weihnachtsgeschenk machen. Ich warnte ihn vor Depressionen und gebot ihm, mich sofort anzurufen, wenn er glaubt welche zu spüren. Er aber antwortete vertrauensvoll: „Das ist wahrscheinlich nicht nötig, es ist ja alles gut gegangen." Damit meinte er, dass, obwohl er einmal verletzt wurde, in Gefangenschaft war und sehr oft in Lebensgefahr, weil er Kameraden aus dem Kanonen- oder bzw. und Kugelhagel herausgeholt hat, ihm kein Schaden zugefügt wurde. Oder hatte er die Vergangenheit durch seine oftmals wiederholten Erzählungen so gut verarbeitet?

Ein Trost für mich war es mein Leben lang, dass er nicht auf Menschen geschossen hat, was er als Sanitäter nicht musste.

Vor Weihnachten schrieb ich dann nächtelang an den Tagebüchern, die teilweise schlecht zu lesen waren. - Und was passierte? Ich bekam Depressionen. Ich weinte nachts, wie ein Kind, so, dass ich davon wach wurde. Meine Brust war schwer, ich bekam keine Luft. War schrecklich traurig und hatte fürchterliche Angst. Zum Glück habe ich seit meiner Kindheit gelernt, mit Depressionen umzugehen. Mir wurden meine lebenslangen Angstzustände bewusst. Auf meinen Vater bekam ich Zorn, warum er sich nicht gegen den Wahnsinn Krieg gewehrt hatte. Blöd von mir, nicht wahr? Er wäre dann doch selbst von seinen Vorgesetzten erschossen worden. Hatte er eine Geliebte, wenn er, wo sonst fast täglich, einige Wochen nichts einschrieb? Er erzählte immer, dass er meiner Mutter treu war. Lüge? Vielleicht war das der Grund, dass ich ihn fast nie lachen hörte und er manchmal hysterisch war? Die Aussagen wie: „Als wir in das Dorf kamen, war es von den Einheimischen gesäubert", rief in mir Entsetzen empor, weil bei den Kämpfen in Jugoslawien vor Jahren mit „säubern", ethnische Säuberung gemeint war. Da konnte mich die Aussage: „Die Männer von 16 bis 80 wurden mit Lastwagen abtransportiert, wir haben unseren Hausherrn versteckt", nur insofern trösten, dass mein Vater doch ein Mann war, für den ich mich des Krieges wegen nicht zu schämen brauche. Die Arbeit tagsüber lenkte mich ab, doch sonst ging es mir gar nicht gut. Bis ich, wie mir meine Töchter und meine Schwester geraten haben, mit dem Schreiben aufhörte, damit ich Abstand bekommen konnte.

Ich redete mit vielen Menschen darüber, um durch Gespräche zu verarbeiten. Es waren Menschen, die in der „Begleitung" ungeübt waren, welche mir durch ihre Aussagen geholfen haben. Meine Töchter und meine Schwester waren die Wichtigsten dabei. Meine Schwester, die mich als kleines Babybündel vor den Bomben rettete, obwohl sie selbst erst sieben Jahre alt war, weil unsere Mutter einkaufen war, meinte: „Stell dir vor, wie vielen Ängsten ich durch die Erlebnisse ausgesetzt war." Ich glaube es ihr. Doch ihr waren diese „Angstquellen" bewusst, mir bis dahin nicht. Aber ich war ganz sicher, dass sich mit der Zeit auch auf diese Spuren der Sand legen würde, dachte ich damals und so ist es auch geschehen. Da fällt mir ein Spruch ein, der mir ein Leben lang wichtig war:

Als ich Gott fragte, warum zeitweise nur eine Spur im Sand zu sehen war, ob er mich da verlassen hatte? Antwortete er: „Da meine Tochter, habe ich dich getragen."
Ich hoffe, so wird es auch in Zukunft sein.

Mein Vater ist seit 2003 tot, aber ich habe ihn Gott sei Dank vor seinem Tod noch gefragt, was er mit dem Satz in seinen Tagebüchern: „Als wir in das Dorf kamen, war es von den Einheimischen gesäubert", gemeint hatte. „Na, die Frauen und Mädchen hatten die Straßen gekehrt." war seine spontane Antwort.

Mahn-Wache

Begräbnis der vier Attentatsopfer am 13. Februar 1995 in Oberwart - Burgenland - Österreich. Ich nehme am Begräbnis teil. Das heißt, ich wohne der Messe bei, begleite die Trauernden zu den Gräbern, verabschiede mich von den Toten, die ich persönlich nie kennen gelernt habe, mit einer Handvoll Erde. Verlasse den Friedhof, nachdem ich einige Friedensfreunde begrüßt hatte und wärmte mich mit einem heißen Tee. Ich stand doch zweieinhalb Stunden in der Kälte. Ich höre mir die Kundgebung an und bin am Abend im OHO (Kulturzentrum). Um 22 Uhr fahre ich zur Mahnwache. Viele Kerzen brennen schon bei der Unglückstelle. Nach dem Fackelzug durch die Roma-Siedlung wird bei einem großen Lagerfeuer, denn es ist eine kältere Nacht als die Nächte davor, meditiert, anschließend leise diskutiert. Um halb vier bin ich wieder in Wien.

Bei der Meditation wird mir das Gefühl bewusst, das mich beim Begräbnis so traurig sein ließ und mir wird mein Auftrag, den ich auszuführen habe, klar.

MAHN-WACHE! Würde ich WACHEN bis zum Morgen, wäre nur der halbe Auftrag erfüllt. Ich muss auch MAHNEN.

UM GOTTES WILLEN, MACHEN WIR HALT VOR VORURTEILEN UND FREMDENHASS. Wir dürfen nicht jeden verachten, der nicht so ist wie wir. Niemanden etwas missgönnen, wenn er mehr hat wie wir, oder klüger ist wie wir. Wir müssen lernen den anderen anzunehmen, so wie er ist. Nicht jeder Tscheche mit großem Auto ist ein Zuhälter. Sind wir Zuhälter, wenn wir ein großes Auto haben? Sind wir Gott, wenn wir eine eigene Firma oder einen guten Job haben? Es gäbe noch einiges aufzuzählen, was den Anfang ausmacht, wo am Ende das Attentat von Oberwart steht.

Demo bei der Albertina

Jürgen B. lud zu einer Demo gegen den Bomben-Abwurf in der Türkei ein. Ich machte mit und hatte keine Hemmungen, mich für den Frieden auf die Straße vor der Albertina zu legen. Dabei beobachtete ich die Polizisten, die rund um den Platz und auf der Terrasse der Albertina verteilt standen. Es sah für mich so aus, als ob sie darauf achten würden, dass wir nicht gewalttätig werden. Ich ließ das eine Weile zu, dann aber ärgerte ich mich darüber. Wir Demonstranten waren in Gefahr. Es könnten doch Befürworter der Bombenabwürfe auftauchen und uns, wir waren etwa zwanzig Personen, ganz einfach alle „abknallen". Es braucht nur jemand aus einem Fenster der Häuser rund um den Platz schießen. Dass das möglich ist, habe ich vor ca. 50 Jahren am Friedrich-Engels-Platz erlebt.

Also zeigte ich meinen Unmut, indem ich die Polizisten an der Nase herumführte. Ich ging langsam vor den Augen zwei nebeneinanderstehender Polizisten vorbei und schaute angestrengt immer nur auf ein Fenster, als würde ich ängstlich etwas Konkretes beobachten. Die Fenster waren allerdings alle geschlossen, was die Polizisten nicht sehen konnten. Es dauerte eine Weile, dann sprachen sie leise miteinander und liefen los. Ich konnte nun herzlich über meine gelungene Zurechtweisung ohne Worte, lachen.

Friede auf der Welt
12/07

Es ist eine große Herausforderung auf der ganzen Welt Frieden zu haben. Ich glaube, das zu erreichen ist uns Menschen gar nicht möglich. Trotzdem habe ich die Hoffnung, wenn ich im kleinen Kreis anfange Frieden zu schaffen und zu halten, können sich mit der Zeit aus dem einen Kreis mehr und immer mehr bilden, bis rund um unsere Erde. Wenn das jeder von uns, dem der Friede ein Anliegen ist tut, dann sind wir bald dort, wo der Löwe mit dem Lamm schläft, wo Schwerter zu Pflugscharen geschmiedet werden – im Paradies. Dann haben wir DEN HIMMEL AUF ERDEN!

Das beste Werkzeug für den Frieden ist unumstritten für mich – die Liebe. Schon am 2. Platz rangiert die Neutralität. Ich arbeitete in der Wiener Friedensbewegung mit, weil ich hier nicht die Einzige war, der die österreichische Neutralität ein großes Herzens-Anliegen war bzw. ist.

Durch den Zusammenschluss einiger NGO`s, entstand die Neutralitätsbewegung. Da ich parteilos bin, wurde ich zu deren Kontaktperson ausgewählt. Neutralität heißt nicht, sich „herauszuhalten", sondern schon im Vorfeld Verhandlungen in Richtung friedlicher Einigung zu führen. (Deshalb hatte ich zum Beispiel regen schriftlichen Verkehr mit Johannes Mario Simmel.)

1968 fuhren eine Freundin, ein Freund und ich mit dem Auto meines Vaters 3 Wochen lang durch Jugoslawien. Ein wunderbares und interessantes Land. Ich habe oft mit der Bevölkerung gesprochen, da viele Leute Deutsch sprechen konnten. Da wurde mir bewusst, dass Tito dieses Land, das aus mehreren Ländern und verschiedenen Völkern bestand, wunderbar zusammengehalten hat. Mir als junge Frau war klar, dass es eskaliert, wenn Tito nicht mehr sein wird. Den österreichischen Politikern hätte das noch klarer sein müssen, und diese hätten höchstwahrscheinlich die Massenmorde, die nach dem Tod von Tito geschahen, verhindern können.

Einige Monate nach dieser Reise nahm ich den ersten Flüchtling auf. Er war etwa zwanzig Jahre alt und aus der Tschechoslowakei geflüchtet. Am nächsten Tag konnte er nach Amerika fliegen. Ich hatte damals eine Zimmer-Küche Wohnung. Mein Vater war bei mir auf besuch und sagte in der Früh, als der junge Mann wieder weg war: „Du weißt schon, dass er uns, während wir schliefen, töten hätte können?"

Es war aber wunderbar, solange ich in dieser Wohnung lebte, bekam ich jedes Jahr Weihnachtsgrüße von dem jungen Mann. Als ich verheiratet war und daher einen anderen Namen trug und eine andere Adresse hatte, erhielt ich auch keine Weihnachtsgrüße mehr. Ich wusste von ihm keine Adresse und konnte ihm daher auch meine neue nicht bekanntgeben.
Was wohl aus ihm geworden ist?

6/98
Die
Österreichische Neutralitätsbewegung
wurde 1996 gegründet

„Neutralität" ist der politische Ausdruck für Nächstenliebe, Menschenwürde und Bewahrung der Schöpfung.

„Bewahrung der Schöpfung?", werden sie jetzt fragen. Was hat Neutralität mit der Natur und der Umwelt zu tun? Ganz einfach. Haben sie schon einmal überlegt, wie viel unserer schönen Natur kaputt gemacht wird, wenn Menschen miteinander Kämpfe austragen, die man durch ein neutrales Handeln vermeiden könnte?

Wie viel unserer Umwelt zerstört wird, weil es Menschen gibt, die ihre Machtposition durch Kriege feststellen wollen, die wir aber mit rechtzeitigem neutralpolitischem Eingreifen verhindern könnten?

Neutralität heißt nicht, sich aus der Sache herauszuhalten. Auch nicht, aus einer sicheren Ecke zu beobachten, was geschieht.

Neutralität heißt, schon beim Ansatz kriegerischer Absichten oder Streit vermittelnd beizustehen. Wenn sich zwei streiten, sollte sich nicht der Dritte freuen, sondern gewaltfrei alles, was nur möglich ist, daran setzen den Konflikt zu lösen.

Eigenartigerweise geht es immer wieder nach Kriegen und Kämpfen meist friedlich weiter. Die verantwortlichen Personen haben durch Menschenleben ihren Frust abgebaut. Da wurden aber schon so viele Menschen auf jeder Seite der Kämpfenden verletzt und getötet - und - die Umwelt zerstört, dass es viele Jahre dauert, diese Wunden bei Menschen und der Natur wieder zu heilen. Ein Beispiel sind jede Art von Minen.

Nie ist es möglich, alles „wieder gut" zu machen. Wir in Österreich haben mit der Neutralität eine immerwährende Verantwortung für den friedlichen Einsatz zur Konfliktlösung übernommen.

Aus WIKIPÄDIA:

Während der Besatzung durch die vier Alliierten wurden mit wechselnder Intensität und lange Zeit beeinträchtigt durch den "Kalten Krieg" zwischen den ehemaligen verbündeten Mächten Verhandlungen über den Abschluss eines Staatsvertrags aufgenommen. Nach jahrelangen erfolglosen Verhandlungen wurde der Staatsvertrag am 25. Jänner 1954 auf die Tagesordnung der Berliner Außenministerkonferenz gesetzt. Erst als Österreich am 16. Februar 1954 militärische Bündnisfreiheit vorschlug, verbesserte dies die Verhandlungssituation; ....

Der Vertrag enthielt Einschränkungen der Bewaffnung Österreichs, Verpflichtungen gegenüber den Minderheiten in Österreich und Reparationen an die Sowjetunion in Form von Erdöllieferungen. (Ursprünglich wollte die Sowjetunion die ostösterreichischen Erdölfelder in ihrem Eigentum behalten.) ....

Am 15. Mai 1955 wurde der Staatsvertrag im Oberen Belvedere (3, Prinz-Eugen-Straße 27, Landstraßer Gürtel 1) unterzeichnet. Nach der Ratifizierung durch Österreich, die Sowjetunion, die USA, Frankreich und Großbritannien trat er am 27. Juli in Kraft, worauf die alliierten Militärpatrouillen in Wien beendet wurden und eine Räumungsfrist von neunzig Tagen für die Alliierten in Kraft trat. Somit endete die Besatzungszeit am 25. Oktober 1955, und Österreich erhielt seine volle Souveränität zurück.

Am Tag darauf, dem 26. Oktober 1955, beschloss der Nationalrat das Bundesverfassungsgesetz über die Neutralität Österreichs. Dieser Tag wurde zehn Jahre später vom Nationalrat zum österreichischen Nationalfeiertag bestimmt.

Konflikte kann man besser ohne Waffen lösen. Weil mit Waffeneinsatz die Unruhe nur gedämpft und unterdrückt wird und höchstwahrscheinlich im Untergrund weiter schwelgt.

Mit neutralem Einsatz kann man aber mit der Bevölkerung das machen, was Therapeuten mit einzelnen Menschen machen:
„Zum Frieden führen."

Zum Frieden einzelner Menschen, genauso, wie zum Frieden der ganzen Menschheit, den sich wohl jeder von uns wünscht, die wenigsten aber, wirklich etwas dazu beitragen.

Das Bekenntnis und die Willenserklärung zur Beibehaltung der Neutralität und der Forderung an die Politiker für ein neutrales Handeln, ist schon ein Schritt für eine bessere Zukunft. Dazu gehört die absolute Verneinung zum Beitritt zur NATO, aber auch zu allen anderen Militärbündnissen, weil wir damit gezwungen sind, militärisch einzugreifen und nicht neutral bleiben können.

Bundesverfassungsgesetz vom 26. Oktober 1955
über die Neutralität Österreichs.
StF: BGBl. Nr. 211/1955 (NR: GP VII RV 520 u. 598 AB 626 S. 80. BR: S. 109.)

Der Nationalrat hat beschlossen:

Artikel I.

(1) Zum Zwecke der dauernden Behauptung seiner Unabhängigkeit nach außen und zum Zwecke der Unverletzlichkeit seines Gebietes erklärt Österreich aus freien Stücken seine immerwährende Neutralität. Österreich wird diese mit allen ihm zu Gebote stehenden Mitteln aufrechterhalten und verteidigen.

(2) Österreich wird zur Sicherung dieser Zwecke in aller Zukunft keinen militärischen Bündnissen beitreten und die Errichtung militärischer Stützpunkte fremder Staaten auf seinem Gebiete nicht zulassen.

Mauthausen
6/95

Circa 23 Jahre ist es her (heuer 2020 sind es fast 50 Jahre), als ich das erste Mal das Konzentrationslager Mauthausen besuchte. Meine erste Tochter war damals drei Jahre alt, daher fühlte ich noch mehr Betroffenheit, bei der Vorstellung, die ich mir von Vergasung der Frauen, Männer und Kinder machte.

Am 7. Mai war ich wieder in Mauthausen, bei der Gedenkfeier: BEFREIUNG DER KZ - HÄFTLINGE VOR 50 JAHREN

In weißen Gewändern ziehen sie ein - Gott wird ihre Tränen trocknen - ein neuer Mandelbaum wird wachsen - so sprach der Nuntius bei der hl. Messe in der Kapelle, die in der Wäschereibaracke errichtet wurde.

Anschließend verfolgte ich den großen Einmarsch. Voran eine Musikkapelle die Trauermärsche spielte. Die Politiker winkten und die Menschenmassen (30.000 Leute waren wir) applaudierten. Mir war nicht zum Applaudieren zumute. Ich hatte das Gefühl, wir trugen die nur im KZ Mauthausen 120.000 EINHUNDERTZWANZIGTAUSEND!!! unvorstellbar, zu Tode gefolterten und gemarterten Menschen nach 50jährigem Aufschub zu Grabe.

Im Geiste wurden die einziehenden Massen, zu den Menschen von damals. Hätte ich damals schon gelebt, wäre ich mit meiner Lebenseinstellung ganz sicher unter diesen armen Seelen. Vielleicht stünde jemand wie ich jetzt, um zu sehen, ob ich auch schon bei denen sei, die den letzten Gang antreten. Ich habe einige meiner Friedensfreunde entdeckt, sie alle würde das gleiche Schicksal erwarten. Und wenn wir nichts tun, sind wir bald wieder so weit. Aber ich werde es laut in die Welt schreien, damit niemand mehr sagen kann: „Das habe ich nicht gewusst."

4.600 SCHUBHÄFTLINGE, FRAUEN, MÄNNER UND KINDER SIND UNSCHULDIG IN GEFÄNGNISZELLEN BEI UNS IN ÖSTERREICH EINGESPERRT.

Sie haben nichts verbrochen. Sie hatten NUR ANGST um das Leben ihrer Kinder und sicher auch um ihr eigenes. Daher haben sie Zuflucht bei uns gesucht. Wir haben sie mit Freiheitsentzug dafür bestraft. Sind wir noch Menschen? Besonders wir Christen machen uns schuldig, wenn wir nichts dagegen unternehmen. Wenn wir zulassen, dass Deserteure, das sind meist nicht Feiglinge, sondern Männer, die keinen BRUDERMORD begehen wollen, in Kerkern auf ihre Abschiebung, die ja oft ihr TODESURTEIL bedeutet, warten müssen.

Schlaft nicht, denn es könnte ein schlimmes Erwachen werden. Wer bereit ist, sich für den Frieden einzusetzen, möge im Wiener Friedensbüro oder bei anderen Friedensgruppen anrufen.

Habt Mut!!!, denn „was ihr dem Geringsten tut, habt ihr mir getan" sagte Jesus.

Zum Thema eingesperrte Flüchtlinge demonstrierten wir. Verschiedene Gruppen traten unterschiedlich auf. Bei der Vorbesprechung trug ich vor, dass ich gerne zeigen möchte, dass bei der Demo, die eingesperrten Asylanten fehlen, da sie in Haft waren. Es wollte niemand mitmachen.

Doch eine Frau bot mir Pappfiguren an, die sie mir zum Burgtheater brachte. Da war wegen einer Baustelle ein Drahtzaun, an den ich die Figuren befestigen konnte. Da ich länger Arbeit damit hatte als die anderen Gruppen, haben mir dann einige Personen geholfen. Schade, dass ich es nicht fotografiert habe, denn es war sehr aussagekräftig.

Jeder Figur hing ich folgendes Schild um: „Ich kann nichts sagen, denn ich bin in Haft!"

Heldentod
12/99

Gerda Sch. hat im Infoblatt vom Nov. über unseren (Arbeitsgemeinschaft Haus des Friedens) Ausflug nach Retz erzählt.

Wir haben nach dessen Besuch darüber diskutiert, ob es nicht so, wie ich es mir wünsche, jene Menschen als „Helden" gelten sollten, die den Wehrdienst verweigern.

Wir waren verschiedener Auffassung und verschiedener Meinung darüber. Ich bin der Meinung, wenn die Männer, die zum Wehrdienst aufgerufen werden, verweigern, würde das Töten weniger. Viele Mütter würden nicht ihre Söhne verlieren, viele Kinder nicht ihre Väter und viele Frauen nicht ihre Männer.

Asyl-Konferenz

Nach der Demo vorm Burgtheater wurde ich einige Male zur „Asyl-Konferenz" eingeladen.

Ein Beispiel darüber:

Wir waren in mehrere Gruppen aufgeteilt. In der Gruppe, in der ich dabei war, waren wir etwa 25 Personen, davon viele evangelische und römisch-katholische Priester und außer mir noch eine Frau.

Bei der Vorstellungsrunde erklärte ich, dass die Deserteure unseres besonderen Schutzes bedürfen. Alle sahen mich groß an und waren darüber erstaunt, wie ich es weiter ausführte.

- o Wenn alle Soldaten Deserteure wären, gäbe es keinen Krieg.

- o Die Deserteure sind meist nicht Feiglinge, sondern sie wollen keine Menschen töten.

- o Von den Politikern werden sie nicht beschützt, das würde nach ihrer Meinung gegen ihre Autorität verstoßen.

In der Pause wurde ich von den Männern, einige kannte ich von Pax Christi, bestürmt. Sie waren begeistert und meinten, so haben sie es noch nie gesehen.

Wo wir wieder bei der Frau in der Kirche wären. Sie könnten jetzt sagen, dass ich ohne eine Priesterin zu sein, meine Meinung einbringen konnte. Damit haben sie recht, aber Frauen als Priesterinnen und somit als „Vorbild", bringen eben das ins Priesteramt ein, was das Weibliche, mütterliche ausmacht. Ich fühle mich nicht als Priesterin und würde auch keine werden, weil ich meine Berufung seit vielen Jahren auslebe. Doch diese Gedanken hatte ich wahrscheinlich nur, weil ich eine Frau bzw. Mutter bin. Ich habe zwar zwei Töchter und keinen Sohn, aber die Muttergefühle und die Gefühle zu einem Ehemann (wenn ich noch einen hätte), der ja auch zu einem Deserteur werden würde, kann ich nur als Frau haben.

Gehorsam

2/13

Groß war meine Freude, als ich in „Wir sind Kirche" folgendes gelesen habe: H. B., Kirchenrektor in St. Johannes der Täufer in Wien und Vorstandsmitglied der Pfarrerinitiative meint: *"Ich bin gehorsam zunächst Gott gegenüber, dann meinem Gewissen gegenüber, und erst zuletzt einer menschlichen Autorität gegenüber. Da kann fallweise notwendig sein, der menschlichen gegenüber ungehorsam zu sein."*

H. B. hat fast wortgetreu das gesagt, was ich Monate vorher der Pfarrerinitiative gemailt habe. Zufall ist das, was uns zufällt. Mir ist eben zufällig das eMail an die Pfarrerinitiative vom Okt. 2012 in die Hände gefallen, in dem ich folgendes geschrieben habe:

„Der Gehorsam zu Gott ist es, der mich veranlasst zum Ungehorsam zur Kirchenleitung aufzufordern. Jeder Mensch ist in direkter Verbindung mit Gott und nimmt SEINEN Willen wahr. Nicht nur die kirchlichen Machthaber. Doch durch die Inquisition und die Machtausübung der Kirche, wurde die göttliche Wahrnehmung der Menschen als Sünde ausgelegt. Und die Industrialisierung hat viele Menschen zu bequem gemacht, die göttlichen Wahrnehmungen als wahr anzunehmen und danach zu leben. Wir brauchen also mehr Priester, die als Vorbild „die Liebe leben". Als VORBILD - nicht UNGEHORSAM! Das ist meiner Meinung nach, ein großer Unterschied. Denn: „Gott ist die Liebe - die Liebe ist Gott!"

Mir war das ewige Herumreden über Ungehorsam zu dumm, denn es geht gar nicht um den Ungehorsam, sondern darum, dass jeder Priester wie jeder andere Mensch auch, Gott gegenüber gehorsam sein muss. Wenn ein Priester fühlt, dass es nicht richtig ist, was die Kirchenleitung befiehlt oder vorschreibt, muss er alles ihm Mögliche, daransetzen, um das zu ändern. Und wenn die Kirchenleitung nicht fähig ist wahrzunehmen was Gottes Wille ist, ist sie auch nicht fähig, das Amt auszuüben. Wir haben zu wenig Seelsorger, die auch Zeit dafür haben, sich um die Seele der Menschen zu sorgen. Das ist nach meinen Wahrnehmungen die Aufgabe für Priester. Jesus war doch auch für die Menschen da.

Alles ist sinnlos, wenn nicht der Wille Gottes befolgt wird.

Das gilt auch für die Politiker, und insbesondere für das ganze Volk!

aus Wikipedia:

Gehorsam ist prinzipiell das Befolgen von Geboten oder Verboten durch entsprechende Handlungen oder Unterlassungen. Das Wort leitet sich (ähnlich wie Gehorchen) von Gehör, horchen, hinhören ab und kann von einer rein äußerlichen Handlung bis zu einer inneren Haltung reichen.

Gehorsam bedeutet die Unterordnung unter den Willen einer Autorität, das Befolgen eines Befehls. die Erfüllung einer Forderung oder das Unterlassen von etwas Verbotenem. Die Autorität ist meistens eine Person oder eine Gemeinschaft, kann aber auch eine überzeugende Idee, ein Gott oder das eigene Gewissen sein. Man kann zwischen freiwilligem und erzwungenem Gehorsam unterscheiden.

*Das Gegenteil von Gehorsam ist **Ungehorsam**, Widerstand oder Renitenz, wobei Letzteres aus der Sicht des Erziehenden (oder Herrschenden) negativ gemeint und deshalb abwertend ist. Der Stellenwert des Ungehorsams wird in der Pädagogik, durchaus unterschiedlich eingeschätzt. Während in Erziehungsprozessen der Gehorsam eine gängige Tugend sein kann, sieht die Kinderladenerziehung im Ungehorsam eine erstrebenswerte Einstellung, die (nach Alexander Sutherland Neill und Stanley Milgram etwa) viel zu selten eingeübt wird.*

Das hat nach den beiden genannten Autoren auch zur Folge, dass Gehorsamsverweigerung in Situationen, in denen es z. B. um die Durchsetzung von Menschenrechten geht, zu wenig geübt wird.

Damit steht der Ungehorsam zu selten als Verhaltensvariante neben dem Gehorsam bereit. Aus seinen Gehorsams-Experimenten fordert Milgram etwa (und u. a.): Einübung des Ungehorsams.

Bei meinen Kindern bin ich so mit Gehorsam umgegangen, dass ich nachgefragt habe, weshalb sie ungehorsam waren und wenn sie recht hatten mit ihrer Meinung bzw. ihrem Verhalten, habe ich das auch angenommen und nicht weiterhin meinen Willen durchgesetzt.

Wenn ich etwas angeordnet habe, habe ich dazu eine Begründung angegeben. Meine Töchter haben früh gelernt, wenn die Begründung für sie nicht verständlich war, dass sie sich mit mir darüber auseinandergesetzt haben. Ich wollte nämlich aus meinen Kindern keine Automaten machen, sondern ihnen „Verantwortung übernehmen" lehren.

Ausstellung Krieg oder Frieden
9/00

Der Ausflug der Arbeitsgemeinschaft Haus des Friedens zur Ausstellung in der Friedensburg „Krieg oder Frieden" in Stadtschleining, fand ohne Gerda Sch. statt, deswegen gab es heuer auch keinen Bericht darüber. Ich will diesen aber nun nachholen.

Wir fuhren gemütlich auf der Autobahn, bis wir bei der falschen Ausfahrt abfuhren. Wie sollte es auch anders sein. Ich war sicher schon öfter als zehn Mal auf der Friedensburg/Friedensakademie bei Fortbildungen und Konferenzen, bin aber noch nie auf Anhieb dort angekommen. Doch angekommen bin ich wie auch dieses Mal, immer. Wir konnten die herrliche Gegend betrachten und fuhren durch kleine Ortschaften. In Stadtschleining machten wir noch eine Kaffee- bzw. Rauchpause, bevor wir in die Burg gingen.

Von der Ausstellung waren wir sehr beeindruckt. Ich, obwohl ich sie schon zum zweiten Mal besuchte. Nachdem mir beim ersten Teil, genau wie beim letzten Besuch übel wurde, schaltete ich eine Pause ein, da mir bewusstwurde, dass es die Gefühle waren, die ich mit eisernem Willen beherrschen wollte.

Im zweiten Teil geht es um Friedensförderung, da ging es mir beide Male wieder gut. Noch dazu, weil einige Hinweise, von meinen Beiträgen waren. Ich fand Gelegenheit mich darüber zu freuen und Gott zu danken, dass ich sein Werkzeug sein durfte. Das tat ich selbstverständlich in Stille und abseits von den anderen.

Richtung Wien fuhren wir absichtlich den gleichen Weg, da wir auf der Hinfahrt bei einigen Gasthäusern „Sautanz" angeschrieben gesehen hatten. Die Schlachtplatten waren köstlich und unsere Unterhaltung vielseitig. Wir waren zu einer angenehmen Zeit wieder in Wien und einstimmig der Meinung, dass es ein schöner und interessanter Tag war.

Über den Tod zum Frieden auf der Welt
10/99

Es war eine Unbedachtsamkeit einiger Friedensfreunde am Hiroshimatag, durch die mir bewusstwurde, dass mein Weg den Frieden hinauszutragen über den „Umgang mit dem Tod" sein sollte. Auch sah ich so klar wie noch nie, dass das wichtigste Ereignis in unserem Leben, das Sterben ist. Die Geburt ist nötig, um überhaupt in das Leben einzutreten. Dann kommen viele schöne und weniger schöne, viele schwere und weniger schwere Erfahrungen. Der Abschluss unseres Lebens ist der Tod, dem meistens das Sterben vorangeht, der, wie ich meine, der wichtigste Abschnitt in unserem Dasein auf dieser Erde ist. Ein plötzlicher Tod, den sich viele Menschen wünschen, ist meiner Meinung nur für Menschen gut, die ihr Leben so gelebt haben, dass nichts offenbleibt, wenn sie sterben. Mir ist jedoch schon bewusst, dass mit dem Moment der Geburt das Sterben beginnt.

WER BEWUSST UND LIEBEVOLL
MIT DEM TOD UMGEHT,
GEHT AUCH BEWUSST UND LIEBEVOLL
MIT DEM LEBEN UM

so meine Vision:

1. Bewusst - nicht nur mit der Natur, sondern mit jedem Leben „von Mensch und Tier". Mit allen Menschen - das bedeutet: „FRIEDEN".

2. Den Tod annehmen heißt, sich mit Gott VERSÖHNEN. Wenn man es genau nimmt, Gott VERZEIHEN, dass er uns ein oft schweres Leben auferlegte. Aber auch die Angst vor dem Tod und was danach kommt. „VERSÖHNUNG" ist wiederum „FRIEDEN".

3. Uns selbst VERZEIHEN, dass wir Fehler in unserem Leben gemacht haben und wahrscheinlich noch machen werden. „VERZEIHUNG" bringt „FRIEDEN".

Mit dem bewusst erlebten Sterben will ich den Frieden verkünden.

Jeder Mensch trägt unbewusst den Frieden in sich, aber die Gestaltung seines Lebens macht es möglich, den Frieden auch auszuleben.

Vielen Menschen wird dieses jedoch erst dann bewusst, wenn der Tod an ihre Tür klopft. Würden alle gesunden und lebensfrohen Menschen so leben als wäre es ihr letzter Tag, wer würde da noch kämpfen wollen? Also gehört es zu meinen Aufgaben, Menschen auf den Tod vorzubereiten. Damit meine ich sicher nicht missionieren. Ich möchte es mit einem Ballspiel vergleichen. Es wird Menschen geben, die den Ball nicht beachten oder übersehen, andere werden mit Absicht wegsehen und weghören. Doch es wird immer mehr Menschen geben, die den Ball auffangen und weitergeben. So wie die Bälle alle rund sind, aber nicht gleich gefärbt sind, so erwartet jeden Menschen der Tod. Doch kein Mensch stirbt wie der andere. Hoffentlich kann ich viele Menschen zum Ballspielen animieren.

Bei der Begleitung von Menschen, die schon dem Tod geweiht sind, merke ich immer wieder, dass ihnen der Friede in ihrem ganzen Leben nicht so wichtig war, wie beim Sterben. Fast jeder will vorm Sterben noch Frieden schließen, verzeihen, wenn er bis dahin nicht verziehen hat, oder um Verzeihung bitten.

Wie war das doch bei mir, als mir bei einem Unfall mit Herzstillstand bewusstwurde, dass ich wieder ins Leben eingetreten bin, jedoch an der Schwelle des Todes lag und nicht wusste, was ich zu tun habe, wenn ich sterbe. Meine Gedanken waren: „Alle, die ich verletzt habe, verzeiht mir bitte." Das heißt, ich habe mit allen Menschen Frieden geschlossen - an der Schwelle zum Jenseits. Jedoch habe ich schon seit Jahren vorher mit dem Tod vor Augen gelebt.

Noch etwas fällt mir ein, es gibt kaum eine Pate oder einen Grabstein, wo nicht das Wort „Friede" aufscheint.

RUHE IN FRIEDEN

Durch Zufall las ich kürzlich in einer kirchlichen Zeitung, dass die Begräbnisvorsteher in Zukunft nicht mehr sagen sollen

RUHE IN FRIEDEN, sondern LEBE IN FRIEDEN.

Das tut mir von Herzen weh, denn nach dem Tod gibt es nicht das Leben, sondern ein „SEIN".

Mitarbeit bei NGO`s

Mein erster Kontakt zu der „Wiener Friedensbewegung" war zu Beginn der Kämpfe in Jugoslawien. Ich weiß nicht mehr, wie ich davon erfahren habe, dass am Stephansplatz eine Demo gegen die Kämpfe stattfindet. Meine ältere Tochter wollte mich begleiten, doch ich hatte Angst um sie. Zu sehr haftete in meinem Gedächtnis der 1.Mai 1981. Mein damaliger Mann und unsere beiden Kinder, sowie eine kleine Nichte waren in der Innenstadt, ohne zu wissen, dass hier eine 1.Maifeier stattfindet, als wir erfuhren, dass Stadtrat Nittel, einem Attentat zum Opfer gefallen ist.

Auf der Freyung waren so viele Menschen, dass wir uns wie die Sardinen in der Dose vorkamen, daher wollten wir wieder nach Hause. Am Graben entstand ein Tumult und die Menschenmenge drängte in Richtung Stephansplatz. Es kam mir vor als würden wir von einer „Menschen-Walze" überrollt. Das Gedränge war so stark, dass wir in eine Seitengasse flüchteten. Es war unheimlich und wir beiden Erwachsenen hatten schreckliche Angst um die Kinder, denn die wären fast niedergetrampelt worden.

Zurück zur Demo am Stephansplatz. Ich habe meine Unterschrift für das Interesse bei der Friedensarbeit mitzumachen, gegeben. Einige Tage später wurde ich vom Pressesprecher der Wiener Friedensbewegung, Alois Reisenbichler kontaktiert und zum nächsten Monatstreffen eingeladen. Er begrüßte mich im Namen des Sekretärs Andreas Pecha, der zurzeit auf Urlaub war.

Seither setzte ich mich als Beteiligte bei verschiedenen NGO`s/Non Governmental Organizationen (Nichtregierungsorganisationen) für Friede, Gerechtigkeit, Bewahrung der Schöpfung und der Menschenwürde, sowie für Neutralität und Wertschätzung aller Religionen ein.

Durch Alois Reisenbichler kam ich zu den „Christen der Friedensbewegung". Durch Andreas Pecha lernte ich Pete Hämmerle vom „Versöhnungsbund" und einige andere Kontaktpersonen verschiedener Organisationen kennen. Klaus Heidegger meinte einmal: „Ilse du würdest gut zu „Pax Christi" passen." Das war dann auch so.

102

Kurze Zeit nach der Demo nahm ich Flüchtlinge aus Jugoslawien auf. Meinen ersten Flüchtling allerdings schon 1968, aus der CSSR.

Meine intensive Mitarbeit bei den NGO`s habe ich 1998 eingeschränkt, da ich die Leitung der „Arbeitsgemeinschaft Haus des Friedens" übernommen habe und das viel Zeit und Kraft in Anspruch nahm.
Ich wollte es gar nicht, sondern wollte überall im Hintergrund stehen und da mitmachen, wo ich gebraucht werde. Nachdem aber die Vereinsgründerin aufhören und ich niemand fand, der das Amt als Obfrau/Obmann übernehmen wollte, hätten wir den Verein aufgelöst. Aber Begleitung ist eine meiner Lebensaufgaben, daher habe ich die Funktion als Obfrau angenommen.

Der eingetragene Verein „Arbeitsgemeinschaft Haus des Friedens" war kein Haus, sondern ein überparteilicher, überkonfessioneller Verein, dessen Mitglieder sich zur Aufgabe gestellt hatten, ehrenamtlich alte oder schwerkranke, sowie sterbende Menschen jeder Altersklasse zu betreuen und in ihren schweren Stunden nach Dr. Elisabeth Kübler-Ross zu begleiten. Das schloss auch den Beistand der begleitenden Angehörigen und die Trauerbegleitung der Hinterbliebenen ein.

Frau Isabella Benning hat 1983, im Anschluss an ein Seminar von Frau Dr. Elisabeth Kübler-Ross, eine Gruppe freiwilliger Helferinnen und Helfer gebildet, die ohne Bezahlung Hilfsdienste leisteten und die vor allem durch seelische Betreuung versuchten das Los dieser Menschen zu lindern. Frau Benning war 15 Jahre die Obfrau dieses Vereines.

Nach einem Unfall mit Herzstillstand, habe ich die Angst vorm Tod verloren und dachte, ich könnte auch Sterbenden die Angst davor nehmen. 1993 bin ich der Arbeitsgemeinschaft beigetreten. Als Obfrau des Vereines von 1998 bis 2014, habe ich mir auch zur Aufgabe gestellt, den Umgang mit dem Tod wieder „gesellschaftsfähig" zu machen. Meine Meinung ist:
„Ein liebevolles Umgehen mit dem Tod bewirkt ein liebevolles Umgehen mit dem Leben."
Das heißt:
„Würden alle Menschen mit dem Tod vor Augen leben, gäbe es keinen Krieg."

2003 begann ich mit den Ausbildungen für – damals nannte man es noch Heilmethoden. Jetzt dürfen wir uns nicht mehr Heiler nennen, sondern Energetiker.

Höchstwahrscheinlich aus dem Grund, weil mir mein Beruf, die beiden Töchter, sowie die Arbeit für die ARGE Haus des Friedens und das Engagement für Friede, Gerechtigkeit, Bewahrung der Schöpfung und der Menschenwürde, sowie nicht zuletzt die Tätigkeit als Humanenergetikerin zu viel Kraft kostete, wurde ich 2009 mit einem akuten Drehschwindel ins Krankenhaus gebracht. Über zwei Wochen Krankenhaus, drei Monate nicht klarsehen können, war das Zeichen für mich, meinen Lebenseinsatz zu minimieren. Dazu kommt, dass ich immer noch an Gleichgewichtsstörungen leide und daher allein nicht gerne außer Haus gehe. Ich habe die Befürchtung, es könnte jemand glauben ich sei betrunken. Trotzdem bin ich nicht einsam, die Situation hat sich nur geändert. Ich habe viel Kontakt mit Menschen, die zu mir kommen, dazu gehören auch Gruppen.

Nun ist mein Friedensbeitrag hauptsächlich die Arbeit als Humanenergetikerin geworden. Denn der Friede beginnt in den Herzen der Menschen und das ist es, was ich mit Blockadenablösen bewirke. Die Menschen, die diese Methoden wünschen werden immer mehr. Das größte Wunder erlebte ich mit einem Klienten, der mit dem Wunsch zu mir kam: „Ich möchte meinen Hass in mir verlieren." Nach einigen Sitzungen erzählte er mir, dass er die Liebe Gottes in sich fühle.

Ich habe in den letzten 30 Jahren so viel erlebt, das mich unendlich freut. Gott danke ich, dass ich all den Menschen begegnen durfte, die mir geholfen haben, dahin zu kommen, wo ich jetzt <u>bin</u> – ich <u>bin</u> glücklich!

Trotzdem möchte ich Sie darauf aufmerksam machen, nicht zu viel für andere zu tun, sondern auch sich selbst zu lieben.

Aus dem Internet:
Österreich verbot die heimtückischen Waffen als eines der ersten Länder weltweit. Maßgeblich dafür war eine Kampagne, die das Österreichische Rote Kreuz 1996 startete.

Landminenverbot: Eine zivile Kampagne verändert die Welt

1997 wurde das Landminenverbot von 122 Ländern beschlossen: das erste internationale Übereinkommen, das auf Initiative der Zivilgesellschaft zustande kam. Seither werden die menschenverachtenden Waffen kaum mehr eingesetzt und die Opferzahlen gingen stark zurück. Handicap International hat als Gründungsmitglied der „Internationalen Kampagne für das Verbot von Landminen" (ICBL) entscheidend zum erfolgreichen Abschluss des Ottawa-Vertrags beigetragen. Jetzt müssen wir uns besonders für die Überlebenden engagieren.

39 Staaten haben die Konvention bislang nicht unterzeichnet, darunter China, Indien, Iran, Israel, Nord- und Süd-Korea, Pakistan, Russland sowie die USA.

Weil nie zuvor eine Waffe aufgrund zivilgesellschaftlichen Engagements verboten worden war, wurde der Internationalen Kampagne zum Verbot von Landminen (ICBL) 1997 der Friedensnobelpreis verliehen.

Da Landminen bei der kleinsten Berührung explodieren können, stellen sie tagtäglich eine Gefahr für die Bevölkerung dar – noch Jahrzehnte nach einem Konflikt. Wir haben in unseren Projektländern gesehen, welche verheerenden Schäden Anti-Personen-Minen anrichten. Sie verstümmeln Menschen und behindern den Wiederaufbau und die Entwicklung ganzer Regionen. Deshalb gründeten wir 1992 mit fünf weiteren Organisationen die „Internationale Kampagne für das Verbot von Landminen (ICBL)" und führten die Zivilgesellschaft zu einem großen Sieg: 1997 unterzeichneten 122 Staaten in Ottawa das Landminenverbot. 1997 erhielt die Kampagne den Friedensnobelpreis. Dieser würdigt auch den unermüdlichen Einsatz von Handicap International.

Diese „Konvention über das Verbot von Anti-Personen-Minen" ist das erste internationale Waffenverbot, das dank des Engagements einer zivilen Kampagne zustande kam. Heute sind bereits über 160 Länder dem Ottawa-Vertrag beigetreten. Dadurch verpflichten sie sich dazu, keine Anti-Personen-Minen mehr zu verwenden, zu lagern, herzustellen und weiterzugeben. Zudem haben sie die Aufgabe, Landminen in betroffenen Gebieten zu räumen und Mittel für die Opferhilfe bereitzustellen.

Wie eine geschnittene Rose
war mein Weg mit den Anti-Personen-Minen (APM). Der Schnitt erfolgte 1994 durch eine Fernsehsendung. Ein deutscher Arzt berichtete aus einem asiatischen Krankenhaus und zeigte einen Film über schwer verwundete Menschen, die durch Minen verletzt wurden. Er erklärte dazu, dass diese Wunden jahrelang nicht heilen, dass man die Operationen jahrelang nicht abschließen kann. Die Splitter dieser heimtückischen Minen seien nämlich aus Plastik und dadurch im Röntgen nicht zu sehen.

Ich war so tief betroffen, dass ich erst einmal bitterlich weinte. Gott fragte ich, warum er mich so machtlos, so hilflos sein lässt. Warum er mir nicht einen Partner schickt, der genauso ist wie ich. Was kann ich allein schon tun? Ich glaube, das werde ich nie mehr sagen, denn jetzt sehe ich erst, wie Gott mir zeigte, dass ich ein Teil seines Werkzeuges sein sollte. Er führte mich auf den Weg mit den APM. Und plötzlich war ich nicht mehr allein.

Ein Mitglied von Pax Christi kam eines Abends und erzählte, er habe sich einen Vortrag in der UNO-City angehört, wo er erfahren hat, dass tonnenweise Personenminen von Flugzeugen abgeworfen werden. Dann hörte ich schon vom Roten Kreuz und UNICEF. Versöhnungsbund und Wiener Friedensbewegung riefen zur Gründung einer Plattform auf. Die österreichische ANTI-PERSONEN-MINEN-KAMPAGNE wurde ins Leben gerufen.

Es kann nur Gottes Wille gewesen sein, dass ich mich, wie die Dornen es tun, in Konflikten sehr oft verletzen ließ. Man kann darüber lächeln oder es übergehen, wie es manche getan haben. Das verletzte mich noch mehr.

Aber es gab auch Hoffnung, wie die Blätter. Als die Menschen immer mehr wurden, die von den APM schon gehört hatten. Die Woche in Genf bei der Internationalen Friedens-Konferenz. Die Erfahrung mit den Leuten der Internationalen APM-Kampagne. Mein Gespräch mit unserem Gesandten Dr. Ehrlich in Genf, das sich meiner Meinung nach teilweise, Monate später im Parlament wiederfand.

Die Kelchblätter waren die Gespräche am Tag vor dem Gesetzesbeschluss mit einigen Abgeordneten zwischen ihren Sitzungen und meiner Meinung: „Jetzt können wir nur noch beten. Ich werde bei der

Abendmesse in unserer Pfarre eine Fürbitte sprechen." Mir fehlte jedoch der Mut, sie laut auszusprechen, aber mein Gebet war so inbrünstig, dass ich bei der Eucharistie das Gefühl hatte, meine ganze Seele schreit zum Himmel. Ob sie es tat? Mir wurde, während des Gottesdienstes klar, ich muss nicht beten: „Gott hilf mir, oder hilf den Menschen, die von Minen bedroht werden." Auch nicht, dass er den Heiligen Geist über die ParlamentarierInnen senden soll. ER wünscht das totale Verbot der APM. ER hat mich ausgesendet. ER wollte, dass ich etwas tue gegen diese Minen. ER hat die APM nicht erfunden. Wir Menschen waren es und er hat uns den freien Willen gegeben. Ich glaube, ich habe seine Tränen geweint, als ich das erste Mal von diesen Minen hörte.

Doch in der Nacht, es war 10 Minuten vor 12 und dauerte bis ca. 1 Uhr, vom 12. auf den 13. Dezember 1996. Die Rose erblühte! Wie ein Wunder war dieses Erlebnis im Hohen Haus. Die Abgeordneten, die zu uns auf den Balkon lachten. Die uns durch Kopfnicken ihre Achtung vor unserem Engagement zeigten. Die aussprachen, dass wir eine kleine Gruppe sind, die wir uns für das totale APM Verbot eingesetzt haben.

Vor Aufregung konnte ich den Rest der Nacht nicht mehr schlafen. Als ich am Morgen doch beim Einschlafen war, weckte mich meine Tochter mit einer Stimme voller Freude „Mama, ich gratuliere!" Wozu? fragte ich. „Im Radio wurde das totale Anti-Personen-Minen-Verbot verkündet."

Auch große Freude muss verarbeitet werden
INFO-Blatt, ARGE Haus des Friedens 3/98

Viele von euch wissen, dass ich mich sehr für ein Verbot der Anti-Personen-Minen eingesetzt habe. Manche kennen auch das Resümee, das ich darüber verfasste. Da schrieb ich, als ich das erste Mal von diesen Minen hörte, fragte ich: „Was kann ich allein schon tun?"

Nun aber haben wir im vergangenen Dezember den Friedensnobelpreis dafür erhalten. Das heißt, ich bin eine Friedensnobelpreisträgerin damit geworden. Nie mehr werde ich sagen, was kann ich allein schon tun, weil mir das wieder zeigt, wie mächtig Gottes Wille ist und wie stark er Menschen werden lässt, die seinen Willen befolgen.

Ich bin eine von vielen Menschen weltweit (insgesamt 1.200 Personen auf der ganzen Welt vernetzt), die wir uns um diesen Friedensnobelpreis verdient gemacht haben. Mein Beitrag dazu war sicher nicht der kleinste, aber trotzdem habe ich das Gefühl, es ist nicht meine Leistung, sondern ich war nur das Werkzeug Gottes. Er hat mir die richtigen Worte zur rechten Zeit eingegeben. Ich danke ihm dafür und freue mich.

Die Freude, die Dankbarkeit und die Demut waren in den ersten drei Tagen und Nächten, nachdem mir diese Nachricht übermittelt wurde, so stark, dass ich sie kaum bewältigen konnte. Eine so große Freude und Dankbarkeit habe ich in meinem Leben noch nie verspürt. Nicht einmal, als meine Kinder geboren wurden. Ich musste diese übergroße Freude genauso verarbeiten wie eine tiefe Trauer. Schlussendlich hat mir ein Lied dazu verholfen, oder besser ein Satz: „Lautate omnes gentes (lobt alle Völker den Herrn)." Einen ganzen Tag (ich war mit dem Auto unterwegs) sang und summte ich diese Worte und dachte nachher, ich hätte nun meine Gefühle im Griff. Dem war aber nicht so. Als einige Tage danach der Kaplan unserer Pfarre, genau diese Melodie anstimmte, verlor ich die Kontrolle über die Dinge, die in mir vorgingen. Ich weinte unaufhaltsam. Auch die demütige Haltung meines Körpers half nicht mehr, die Tränen zurückzuhalten.
Als auf mein Ersuchen eine Feier von unserer Kampagne stattfand, hatte ich aber die riesengroße Dankbarkeit schon verarbeitet und konnte, ohne mit den Tränen zu kämpfen, darüber reden.

Ich habe über dieses Erlebnis berichtet, um euch meine Erkenntnis, dass sehr große Freude genau wie eine tiefe Trauer zu verarbeiten ist, mitzuteilen. Außerdem möchte ich euch Mut machen, anstatt des Satzes, den man ja sehr oft hört und den ich nie mehr sagen werde: „Was kann ich allein schon tun.", etwas zu tun. Gerade bei unserem Einsatz für sterbende und trauernde Menschen, stehen wir oft vor einem fast unüberwindlichen Problem. Scheut euch nicht davor, es in unsere Gemeinschaft einzubringen. Gemeinsam haben wir eine geballte Kraft und können auch in der Politik vieles erreichen.

PS: 2020
In Wien waren hauptsächlich der Sekretär und der Pressesprecher der Wiener Friedensbewegung Andreas Pecha und Alois Reisenbichler, Claudia K. und ich bei Großveranstaltungen unterwegs, um Unterschriften zu sammeln. Ich suchte mir nach einiger Zeit kleine Gruppen, damit ich gleichzeitig mehrere Menschen ansprechen konnte. Es kannte damals niemand die APM, also musste ich erklären, was APM sind und was damit angerichtet wird. Nach dem Tod von Lady Diana, die sich auch stark gemacht hatte gegen die APM (was aber bei uns niemand wusste und erst durch ihren Tod publik wurde), hätten wir es leichter gehabt.

Pax Christi Konferenz in Assisi

Einige Zeit, nachdem wir in Österreich das totale Antipersonen-Minen Verbot erreicht hatten, organisierte Pax Christi International in Assisi eine Konferenz. Ich konnte noch nicht am Mittwoch gemeinsam mit den anderen österreichischen Teilnehmern mitfahren, da ich dringende Termine hatte. Wir fuhren dann zu zweit erst am nächsten Tag. Unterwegs hatten wir schon ein lustiges Erlebnis, als wir nämlich beim Umsteigen nicht wussten, welcher Zug es war, der nach Assisi fuhr. Als wir Bahnbedienstete fragten, antworteten die nur immer Assisi, so als würden sie es italienisch bejahen. Wir wussten aber nicht, was sie bejahen wollten, bis wir draufkamen, sie meinten der Zug, vor dem wir standen, fährt nach Assisi. Sie betonten nur das als würden sie sagen: „Ah, ja, ja." Auf italienisch: „Ah, si, si."

Die Tage in Assisi waren interessant und schön. Da ich sehr schlecht englisch kann, besuchte ich nur die deutsch sprechenden Gruppen. Die österreichischen Friedensfreunde ersuchte ich, mir zu erzählen, was bei den englisch Sprechenden, besprochen wurde, mit der Erklärung, dass ich spätestens beim 3. englischen Satz über den zweiten so lange nachdenken müsste, dass ich den ersten wieder vergessen habe. Das funktionierte wunderbar.

Einmal war ich in einer deutschsprechenden, nordländischen Gruppe. Als es darum ging, was jeder von uns in die Gruppe einbringen kann, erzählte ich, was wir in Österreich alles unternommen haben, um das Antipersonen-Minen Verbot zu erreichen und las „Wie eine geschnittene Rose" vor. Österreich war eines der ersten Länder mit dem totalen APM-Verbot. Die Anwesenden waren begeistert von unserem Einsatz. Ein Teilnehmer ersuchte mich um den Text, den er ins englische übersetzte und dieser wurde von Pax Christi International, weltweit versendet.

Da ich nicht gut Englisch konnte, hatte ich mehr Zeit, Assisi anzuschauen und alles Besondere mit Hingabe zu betrachten. Franz von Assisi habe ich schon vor langer Zeit ins Herz geschlossen, weil ich auch mit den Tieren spreche und das Gefühl habe, sie verstehen mich.

Wir hatten alle Essmarken, die wir bei den jeweiligen Essenszeiten abgaben. Eines Nachmittags nahm mich Franz L. den ich sehr gut kannte mit einem Mann zur Seite und fragte mich, ob ich eine Lösung für folgende Situation hätte. Der Mann, der mit Franz zu mir kam, hatte am Vortag die

Essmarke von heute abgegeben und hat daher jetzt die vom Vortag. Ich dachte kurz nach, denn das einfachste, aber trotzdem nicht das Einfachste, weil es vielleicht lange Diskussionen und Rückfragen gegeben hätte, wäre eine Meldung gewesen. Meine Idee war daher folgende. Normalerweise gab jeder seine Essensmarke der Serviererin, dieses Mal ersuchte ich alle 10 Personen an unserem Tisch, die Essensmarken in der Tischmitte zu stapeln. Ich erzählte in kurzen Worten, weshalb, und alle lachten herzlich. Ein Bischof aus Südamerika, der an unserem Tisch saß und nicht Deutsch verstand, schaute mich fragend an und Franz erklärte ihm auf Englisch, warum wir alle lachten, da lachte auch er.

Einige von uns fuhren am Sonntag nach Hause, aber ein Teil blieb noch bis Montag, da wurde ein Abschlussgottesdienst gefeiert. Für diesen sollte jedes Land etwas auf den Altar legen. Ich wurde gebeten einen größeren Stein zu suchen, da ich wieder mehr Zeit hatte, als die welche die englischen Gruppen besuchten. Ich spazierte meditierend aus der Stadt und fand einen wunderbaren Stein. Als ich zurückkam, waren schon alle versammelt, da sie früher Schluss hatten. Nachdem ich ein verlässlicher Mensch bin, machten sie sich um mich Sorgen, weil ich noch nicht da war. Ich spürte direkt ihr Aufatmen als ich in den Konferenzsaal kam. An diesem Abend gab es nach dem Abendessen ein Buffett. Jeder Teilnehmer wurde schon bei der Einladung ersucht, etwas Spezielles zum Essen, aus dem jeweiligen Land mitzubringen. Die Mutter eines anderen Franz machte z.B. einen Apfelstrudel, den er mitbrachte. Usw. usf. Als ich mit dem Stein ankam, habe ich ihn gewaschen und einer unserer jungen Teilnehmer beschriftete ihn. In der Zeit holte ich mein Mitgebrachtes. Es waren drei Sackerl echte Mozartkugel. Eines davon, bot ich unserer Gruppe zum „Vernaschen" an. War das ein Jubel, ich hatte eine Freude daran.

Weil ich immer gute Stimmung verursachte, warf mir der Mann, der mit mir gemeinsam nach Assisi fuhr, bei der Heimfahrt im Zug vor, ich würde nur Theater machen. Er verbreitete sogar als wir schon zu Hause waren, ich wäre ihm bei der Hinfahrt „zu nahegekommen". Als mir das einer der Friedensaktivisten erzählte, kränkte ich mich sehr, denn das war alles andere als die Wahrheit, das Gegenteil war der Fall, aber das erzählte ich niemandem.

ATOM
Radioaktivität

Aus Wikipedia:

*Mit **Radioaktivität** (von lateinisch radius, ,Strahl'; Strahlungsaktivität) bezeichnet man die Eigenschaft instabiler Atomkerne, sich spontan in andere Atomkerne umzuwandeln und dabei ionisierende Strahlung auszusenden. Der Begriff wurde 1898 erstmals vom Ehepaar Marie Curie und Pierre Curie für das 1896 von Antoine Henri Becquerel entdeckte Phänomen geprägt. Dieser Umwandlungsprozess wird auch als **radioaktiver Zerfall** oder **Kernzerfall** bezeichnet. Atomsorten mit instabilen Kernen werden als Radionuklide bezeichnet.*

Die beim Umwandlungsprozess freiwerdende Energie wird in der Regel als α-, ß- oder γ-Strahlung emittiert. Die Art der emittierten Strahlung, ihre Energie und die spezifische Aktivität sind für das jeweilige Radionuklid typisch und experimentell bestimmbar. Jede dieser Strahlungsarten ist für den Menschen – ebenso wie Höhen- und Röntgenstrahlung– ab einer bestimmten Dosis gefährlich und nicht direkt wahrnehmbar. Nach einer für den radioaktiven Stoff charakteristischen Zeit, der Halbwertzeit, halbiert sich dessen Menge und somit auch dessen Aktivität und Strahlenemission; diese Halbwertszeit kann im Bereich von Sekundenbruchteilen bis hin zu Trillionen Jahren liegen.

Radionuklide kommen in der Natur vor, aber sie entstehen auch künstlich, z. B. in Teilchen-beschleunigern und Kernreaktoren, oder durch Kernwaffen. Radioaktive Substanzen finden Anwendung zum Beispiel in Radionuklidbatterien und -Heizelementen zur Energieversorgung in der Raumfahrt sowie in der Nuklearmedizin und Strahlentherapie. Weiterhin dient der radioaktive Zerfall mittels der C14-Methode zu Altersbestimmungen in der Archäologie.

Durch den Flug-, Schiffs- und Lastwagenverkehr, sowie durch die Industrialisierung wird unsere Umwelt zerstört. Großer Schaden an Menschen, Tieren und der Umwelt entsteht durch den Atommüll.

2013 habe ich ein Büchlein mit dem Titel: „In den Schuhen der Maya" Untertitel: „Erhaltung unseres Lebensraumes" veröffentlicht. Es wurden nur einige Exemplare gekauft, daher habe ich es wieder eingestellt. Es ist bedauernswert, dass sich nicht mehr Menschen für die Bewahrung der Schöpfung interessieren. Trotzdem höre ich nicht auf damit, mich dafür einzusetzen, dass wir unseren Kindern, Enkel und Ur Urenkel eine möglichst „lebenswerte" und „überlebensfähige" Natur hinterlassen. Ich nenne es „nachhaltig und friedvoll für Lebensqualität".

Aus Wikipedia

Die **Maya** sind ein indigenes Volk bzw. eine Gruppe indigener Völker in Mittelamerika, die insbesondere aufgrund der von ihnen im Präkolumbischen Mesoamerika gegründeten Reiche und ihrer hoch entwickelten Kultur bekannt sind.

Frühe Präklassik (ca. 3000–900 v. Chr.)

In ihrer Blütezeit stellten die Maya eine mächtige Hochkultur dar. Man spricht zumeist von einer Maya-Kultur; tatsächlich gibt es auch viele Gemeinsamkeiten zwischen den verschiedenen Fundstellen aus der Vergangenheit – doch stehen hinter dieser Kultur verschiedene Völker mit miteinander mehr oder weniger eng verwandten May-Sprachen.

Ächtung der Atomwaffen
2000 HdF
Die „Arbeitsgemeinschaft Haus des Friedens" ist ein eingetragener Verein, der sich mit Menschenwürde bis Zuletzt auseinandersetzt.

Dazu gehört es auch, uns mit allen verfügbaren Mitteln gegen den von Menschen herbeigeführten, brutalen Tod zu stellen. Die Atomwaffen stehen an erster Stelle.

Wer für ein würdiges Sterben ist, ist gleichzeitig für ein würdiges Leben.

Wir ächten Atomwaffen!

Seit 1998 werde ich von der Hiroshima-Gruppe jedes Jahr um eine Botschaft zum Gedenken an die Atombombenopfer von Hiroshima und Nagasaki am 6. + 9. August gebeten, da bringe ich immer wieder Hinweise und Aufrufe ein, die ich auch im Bekanntenkreis weitergebe. (Siehe „Nie wieder Hiroshima". Es gibt sehr viele Möglichkeiten, die Gefahr von Radioaktivität zu vermeiden.

Nie wieder Hiroshima
1998 Ankündigung
Zum Gedenken und zur Mahnung an die Menschen, die durch die Atombombenabwürfe auf Hiroshima 1945 gelitten haben und noch immer leiden,

wird jedes Jahr am 6. August bei Einbruch der Dunkelheit,
am Stephansplatz Laternen angezündet und
im Konvoi zum Karlsplatz getragen.
Ab 18 Uhr ist die Kundgebung am Stephansplatz.

In Erinnerung, wie damals die brennenden Menschen zu den Flüssen rannten und sich wie Fackeln ins Wasser stürzten, werden die Laternen auf den Teich am Karlsplatz aufgesetzt.

Das Gleiche geschieht zum Gedenken der
Atombombenopfer von Nagasaki,
am 9. August bei der Pagode am Handelskai,
wobei die Laternen in Andacht
auf das Wasser der Donau gesetzt werden.

Wir müssen aufzeigen, dass wir es nicht zulassen wollen, dass Menschen sterben oder ihnen Leiden zugefügt werden, nur aus Profitgier und Rechthaberei.

1999 Was antworten wir den Kindern

Ich bin der Meinung, dass wir geboren werden, um wieder sterben zu dürfen. Das heißt für mich, dass wir ein gottgefälliges Leben führen müssen, um nach dem Tod das Paradies und den unendlichen Frieden erfahren zu können. Zum gottgefälligen Leben gehört es, das glaube ich, alles daran zu setzen, um alle Geschöpfe und die Natur zu erhalten, zu pflegen und zu schützen.

Atombomben, genauso wie die Atomreaktoren, sind Waffen oder eine Technik, die das genaue Gegenteil verursachen.

Nichts bringt nachhaltig so viel Leid und Schmerz über die Menschheit als Atomwaffen.

Aber auch Atomkraftwerke, die zwar nicht mit Aggression verbunden sind, aber da lautlos und unsichtbar, sind sie vielleicht sogar noch gefährlicher für die ganze Welt.

Noch haben wir Luft zum Atmen, aber wie wird es werden, wenn wir jetzt kein Ende damit machen?

Wie sollen unsere Nachkommen weiterleben?

Was antworten wir ihnen, wenn uns unsere Kinder, Enkelkinder oder Urenkel fragen: „Warum hast DU das zugelassen ???"

Schöpfen wir denn wirklich alle unsere Möglichkeiten aus, um unseren Kindern ein menschenwürdiges Leben zu sichern?

Verlieren wir durch das zurzeit bei uns in Österreich so unterhaltsame und erlebnisreiche Leben den Überblick für ein sinnvolles Leben?

Tausende Bomben werden von der NATO abgeworfen. In der ersten Zeit gab es noch Entsetzen in der Bevölkerung, aber schon nach einigen Tagen, hat kaum jemand darüber gesprochen. Wortlos wird die Machtausübung hingenommen. Nur gespendet wurde viel, damit wir so wenig wie möglich von den Flüchtlingen aufnehmen müssen.

Ich will damit nicht sagen, dass wir nicht spenden sollen, damit wenigstens ein kleiner Teil der Grundnahrungsmittel aufgebracht werden können, um das Leid, das so groß ist, dass wir es gar nicht nachempfinden können, zu lindern. Aber mit Spenden allein ist es wohl nicht getan.

Unsere Lebenseinstellung müssten wir grundlegend ändern. Wir müssen aufwachen von unserer Lethargie und unserer Gleichgültigkeit! Wir schlafen nämlich nicht den Schlaf der Gerechten und wenn wir nichts tun, wird es ein schlimmes Erwachen.

Wir müssen lautstark gegen das Gebaren der NATO und gegen die Atomkraftwerke eintreten.

Es liegt in unserer Macht, das zu tun. Bitte sehen sie nicht OHN-MÄCHTIG zu, was unbedachte und unverantwortliche Menschen uns aufzwingen.

NIE WIEDER HIROSHIMA ist seit meiner Jugend ein Leitsatz für mich. In tiefer Trauer muss ich diesen Satz erweitern: „Weg mit allen Atomwaffen und Atomreaktoren." Wir können es uns nicht leisten, um unserer selbst und vor allem um unserer Kinder wegen, still zu sein.

In Demut vor der Schöpfung Gottes - denken sie bitte darüber nach. Vielleicht gibt es ihnen Kraft und macht Ihnen Mut, tatkräftig gegen den Wahnsinn der Mächtigen aufzutreten.

NACHTRAG 2020
Manche Menschen sahen den Eingriff der NATO damals mit anderen Augen als ich oder andere Friedensaktivisten. Sie waren der Meinung, auch wenn diese Bombenangriffe viele Menschenleben gekostet haben, wurde dadurch das Kriegsgeschehen abgebrochen.

Für uns als Bürger und Friedensaktivisten eines neutralen Staates, ist das keine Alternative, sondern bedeutet: Menschenleben um Menschenleben, „Aug` um Aug`, Zahn um Zahn".

Es gab andere Möglichkeiten als mit brutalster Gewalt, durch Bomben die Ruhe durchzusetzen.

2002 Als Frau und Mutter

Als Frau und Mutter, fühle ich mich besonders am heutigen Gedenken an die Atom-Opfer von Hiroshima verpflichtet, Sie darauf aufmerksam zu machen, dass jeder von uns dafür verantwortlich ist, welche Lebensbedingungen unsere Kinder und Enkel haben werden. Es fängt bei der Geburt unserer Kinder an. Wir Mütter haben den ersten Kontakt zu unseren Babys. Wir leiten und führen unsere Kinder in ihren ersten Lebensjahren, die unsere Kinder für das weitere Leben prägen. Es liegt in der Hand von uns Müttern, ob unsere Töchter und Söhne friedfertig oder kampfbereit werden.

Vor allen sind es wir Mütter, aber auch die Väter, die wir in Gesprächen und mit Aufklärung über Waffen, Krieg und Gewalt unseren Kindern Werte vermitteln. Ich wiederhole die Worte des Generalsekretärs und die des Pressesprechers der Wiener Friedensbewegung, die schreiben:
„Die Lehre von Hiroshima und Nagasaki hat heuer leider eine traurige Aktualität. Obwohl in einem Vertrag zwischen den Präsidenten Bush und Putin die Abrüstung von Atomwaffen angekündigt wurde, geht die Entwicklung neuer und „einsetzbarer" Atomwaffen (wie es z.B. in einem US-Papier heißt) weiter. Der Kashmir-Konflickt zwischen den Atomwaffenstaaten Indien und Pakistan droht zu einem Atomkrieg zu werden. Es zeigt sich deutlich, dass es zur Abschaffung aller Atomwaffen keine vernünftige Alternative gibt. Unser Engagement für eine atomwaffenfreie Welt ist notwendiger denn je."

Wir müssen uns gegen alle Waffen, im Besonderen aber gegen Atomwaffen einsetzen. Und wir müssen unsere Kinder in die Richtung „Frieden" erziehen. Liebevoll, behutsam und mit Bedacht. In vielen Generationen wurden die Buben zum Kämpfen erzogen. Es war schon schlimm genug, wie man noch mit Schwertern aufeinander losging.

In der heutigen Zeit, wo ein Knopfdruck genügt und die halbe Welt, ist ausgelöscht oder verseucht, ist diese Erziehung reiner Wahnsinn.

2003 Im Friedensbereich unterwegs

In den Jahren, in denen ich mit NGOs im Friedensbereich unterwegs war, durfte ich auch einmal den Dalai-Lama kennen lernen. Bevor ich ihm persönlich gegenüberstand, hatte ich ihn einige Male im Fernsehen gesehen und dachte besonders bei seinem Lachen, er wäre kindisch und geistig zurückgeblieben. Diese Meinung änderte sich um 1000 Grad als ich ihm persönlich begegnete. Sein Lachen ist nicht „kindisch", sondern „kindlich". Da gibt es einen riesengroßen Unterschied. Ich wusste plötzlich was Jesus damit meinte, als er sagte: „Werdet wie die Kinder." Der Dalai-Lama ist es. Frei von Zwängen der „Erwachsenen". Ich konnte seine Güte und Liebe körperlich fühlen. Ich kannte seine Lebensgeschichte, nun konnte ich vieles davon besser verstehen. Sein Gemüt, seine Ausstrahlung und seine Weisheit, wurden durch diese Begegnung ein Eckpfeiler meines Lebens.

Vor ca. drei Monaten verhängte ich mir ein Leseverbot. Ich lese bis zu fünf Bücher auf einmal, weil ich so neugierig oder wissbegierig bin. Das ging so weit, dass ich psychisch darunter zu leiden anfing. Vor einigen Tagen aber kaufte ich das Buch: DER WEG ZUM GLÜCK mit dem Untertitel: SINN IM LEBEN FINDEN vom Dalai-Lama. Lesen Sie dieses Buch, Sie werden erfahren, warum ich es mit der „Arbeitsgemeinschaft Haus des Friedens" in Verbindung bringe und weshalb ich glaube, durch Begleitung können wir Frieden bringen. Angefangen mit dem Frieden in uns, über den Frieden in der Familie bis hin zum Frieden auf der Welt.

Wenn es manchen Menschen ihr ganzes Leben nicht um den Frieden geht, beim Sterben ist ihm der Friede wichtig. Wir sollten daher vorher schon lernen, friedvoll zu leben. Dazu gehört es, sich gegen Krieg und Gewalt in jeder Form einzusetzen. Am heutigen Tag besonders

GEGEN ATOMWAFFEN!!!!

Wir müssen im Leben den Frieden suchen, um ihn im Tod zu haben.
Warum würde sonst so oft geschrieben sein:
„Ruhe in Frieden"?

2004 Atom- und Waffen-freie Welt

Weil ich in einer ATOM- und WAFFEN- FREI-en Welt leben will, habe ich überlegt, warum manche Menschen glauben, Waffen zu brauchen.

Ich glaube Sie wissen genau so gut wie ich, der stärkste Druck kommt von den Geschäftemachern. Den Waffenproduzenten und Waffenhändlern. Sie bereichern sich am Elend ihrer Mitmenschen und das muss unterbunden werden. In Gesprächen wird mir oft entgegengehalten, dass damit Arbeitsplätze gesichert werden. Ist das nicht Hohn, Waffen zu erzeugen, um damit Menschen zu töten damit Arbeitsstellen zur Verfügung stehen? Nämlich durch die Erzeugung und durch den Tod.

Es wäre viel sinnvoller, würden diese Arbeitsplätze aus Liebe und für den Frieden vergeben. Zum Beispiel für die Betreuung und Pflege kranker oder alter Menschen. Wir könnten damit genug Arbeitsplätze sichern ohne Waffen zu erzeugen oder damit zu handeln. Nur die Waffenproduzenten und -händler würden leer ausgehen und keinen Grund mehr sehen, mit Waffen zu handeln.
Weiters glaube ich, dass manche Menschen aus Angst Waffen wünschen. Würde es aber keine Waffen geben, gäbe es auch nicht so viel Gewalt, wovor wir Angst haben.

Großteils aber ist es Machthaberei der verschiedenen Politiker, welche mit Waffen und Waffengewalt protzerisch ihre Stärke zeigen wollen. Je weniger „Größe" ein Politiker hat, desto mehr hat er den Wunsch nach Waffen.
Daher möchte ich alle Politiker aufrufen, ihrer Verantwortung nachzukommen, für das Wohl der Menschen einzustehen und sich gegen jeden Umgang mit Waffen einzusetzen.
Dazu zählt auch ein Verbot von Atomkraftwerken weltweit. Wir können nie mehr gutmachen, was wir unseren Kindern bis zu unseren Ur- Ur-Urenkeln mit der Handhabung von Atomwaffen, Atomtests und Atomkraftwerken antun.

2005 Bombenanschläge in England

Wenn wir heuer den Gedächtnistag: Nie wieder Hiroshima! und selbstverständlich Nagasaki! begehen, komme ich nicht darum herum, an die Bombenanschläge in England vor einigen Wochen zu denken. Terrorismus ist sehr schlimm und man muss die Schuldigen finden. Doch wer sind die wahren Schuldigen? Terroristen? Oder Männer, welche als hohe Staatsmänner akzeptiert und sogar wiedergewählt werden?

Mir ist bewusst, dass ich mich mit diesem Schreiben in Lebensgefahr begebe. Aber als Mutter und Obfrau vom Verein „Arbeitsgemeinschaft Haus des Friedens" muss ich den Wahrnehmungen folgen und schreiben, was sich 99.99 % der Österreicher denken, aber nicht wagen es öffentlich auszusprechen. Nicht nur Österreicher, Europäer, ja sogar die weltweite Bevölkerung denkt es, doch es fehlt ihnen der Mut, um diese Männer anzuklagen.

Die Terroristen, welche nur kleine Fische sind, jagen sich selbst mit in die Luft, weil sie sich gegen die großen Terroristen und die Ungerechtigkeit der Welt stellen und es aufzeigen wollen. Die Anführer leben im Hintergrund, wahrscheinlich sogar in den USA selbst. Werden sie sogar von da angestiftet, um Gründe zu finden kämpfen zu können und abertausende unschuldige Menschen zu töten und zu quälen, wie man in den Medien hört und sieht?

Als friedensbewegte Frau weiß ich aber auch, dass uns Gott eine andere Möglichkeit zur Friedensstiftung gegeben hat als gewetzte Messer und geworfene Bomben. Diese Möglichkeit ist: BETEN. Das Gebet jedes einzelnen Menschen zählt. Beten heißt: aus Liebe Gott zu bitten, die Herzen der Politiker, welche Auslöser für den Terrorismus sind, mit Liebe und Verständnis zu füllen. Ihnen genug Selbstwertgefühl zu geben, so, dass sie es nicht nötig haben auftrumpfen zu wollen. Wenn wir das nicht schaffen, haben wir bald wieder ein „Hiroshima"!

2006 Verhalten des Volk Gottes

Ich glaube die größten Katastrophen nach der Sintflut, waren die Zerstörung von Hiroshima und Nagasaki durch Atombombenabwürfe und dem Holocaust.

Es schmerzt mich bis tief in die Seele, wenn ich sehe, dass die Menschheit davon nichts gelernt hat. Besonders betroffen bin ich über das Verhalten des sogenannten „Volk Gottes", den in ihm sind die Wurzeln des Christentums. Schon 1998 als ich in Israel war, habe ich durch Reden der Menschen, welche den Staat Israel mitgegründet haben, wahrgenommen, dass sie hasserfüllt sind und nur auf eine Gelegenheit warten, damit sie brutal zuschlagen können.

Meine Gebete seither, Gott möge ihre Herzen mit Liebe füllen, damit der Hass entweicht und keinen Platz mehr finden kann, hat Gott sichtlich nicht erhört. Dabei denke ich besonders an die Frauen und Mütter, welche auf beiden Seiten darunter leiden. Ich vergesse auch nicht die Kinder, die sich überhaupt nicht wehren können.

Ich betrauere die Sprachlosigkeit der Menschen, denn es ist wahr: „Durch Reden kommen die Leute zusammen. (Durch das miteinander sprechen, finden die Menschen zueinander.)" Es ist auch die Machtlosigkeit der Politiker, welche mit den „richtigen" Worten nicht umgehen können, dass die Welt keinen Frieden findet. Daher müssen wir auch heuer wieder, mit der Erinnerung an die Atombombenabwürfe über Hiroshima und Nagasaki, als Warnung für die Zukunft aufrufen.

Ein Mensch allein kann nicht den Frieden der ganzen Welt herbeiführen. Aber aus einem und einem und viele Male einem Menschen sind die Nationen der Welt entstanden, das heißt: „Wir gemeinsam können Frieden schaffen!!!"

Möge die Liebesenergie über die ganze Welt erstrahlen!

2007 Wo die Energie hinfließt

Heuer nehme ich an einem Lehrgang für Systemaufstellung teil, wodurch ich viel bewusster Energien wahrnehme, als bisher. Bei einer Aufstellung werden Menschen in eine Rolle gestellt, die der natürlichen Person nie begegnet sind und können fühlen, was in ihr vorgeht. Manches Mal, werden Sätze ausgesprochen, wie sie der Mensch, den man in der Rolle vertritt, verwendet oder verwendet hat, auch wenn der zu vertretende Mensch schon verstorben ist.

Diese Wahrnehmungen haben mich als friedensbewegte Frau, zu den Atombombenopfern von Hiroshima vom 6. August und Nagasaki vom 9. August, geführt.

Die Opfer zu ehren ist eine Sache, dadurch die Zukunft zu gestalten eine andere.

Wenn wir unsere Gedanken auf die Opfer fokussieren, fließt unsere Energie an die Ereignisse von 1945.
Wollen wir aber verhindern, dass diese Verbrechen noch einmal geschehen, müssen wir unsere Gedanken in die Zukunft senden, weil wir dadurch unsere Energie in die Zukunft lenken.

Die beiden Gedenktage sind daher eine Möglichkeit, geistig vereint und vernetzt mit vielen Menschen auf der Welt, unsere Zukunft zu gestalten oder zu verändern.

Ich glaube, Gedanken wie: „Ich habe Ehrfurcht vor Eurem Leiden und Sterben, bittet für uns, damit wir noch Lebenden durch Liebe (die doch die stärkste Energie ist) das Gedankengut der gesamten Menschheit auf den Willen Gottes fokussieren können."

In tiefer Sehnsucht nach einer friedlichen Welt.

2008 Schmerzen ohne Befund

Ich glaube, wir können uns die Auswirkungen durch das Benutzen von Atomwaffen gar nicht vorstellen. Ein kleines Beispiel habe ich vor Kurzem erlebt und das möchte ich Ihnen nahebringen, um dadurch vielleicht Ihren Einsatz GEGEN ATOMWAFFEN und ATOMREAKTOREN zu verstärken.

Ein einundzwanzigjähriger Medizinstudent hat mich dringend um ein Gespräch gebeten. Er war schon bei Therapeuten und Ärzten. Ein Neurologe hat ihm Antidepressiva verschrieben. Sein Onkel der Arzt ist, sagt sowieso nur mehr: „Was hast du denn jetzt schon wieder für Wehwehchen?" Der junge Mann selbst hielt sich für einen Hypochonder und wegen seiner Krankheits- und Sterbeängste wollte er selbst Arzt werden. Nun war er aber so weit, dass er deswegen verzweifelt war. Ja, verzweifelt ist der richtige Ausdruck. Er weinte und war fassungslos. Nach Gesprächen, in denen ich ihn bzw. seine Situation oder sein Befinden ernst genommen habe, sagte er: „Ich bin ganz gesund und trotzdem geht es mir sehr schlecht, ich bilde mir das alles nur ein." Worauf ich ihm antwortete, „So ist es, aber wir müssen herausfinden, woher das kommt. Es hat eine Ursache."

Einige Tage später machte ich mit ihm eine humanenergetische Blockadenablöse. Three in One ist eine Technik, mit beiden Gehirnhälften gleichzeitig das Unterbewusstsein abzufragen und mit Muskelspannung und Entspannung ein Ja oder Nein als Antwort zu bekommen. Bei diesem jungen Mann, dem es seit der Blockadenablöse wesentlich besser geht, stellte sich unter anderem heraus, dass seine Mutter im zweiten Monat mit ihm schwanger war als das Atomkraftwerk Tschernobyl kaputt wurde. Ihre Lebens- und Sterbensängste übertrug sie automatisch auf ihr ungeborenes Kind.

Wenn wir das nun betrachten, in welch kleinem Ausmaß dieser Vorfall war, kann man sich vielleicht ein bisschen vorstellen, was der Gebrauch von Atomwaffen und der Rest der Atomreaktoren auslösen werden.

Für unsere Kinder und Enkelkinder bitte ich Sie, in Ihrem Umkreis die Gefahr der Atomkraftwerke und vor allem der Atomwaffen bewusst zu machen.

2009 Die Natur und den Frieden lieben

Am 6. August 1945 wurde die erste Atombombe über Hiroshima abgeworfen und am 9. August des gleichen Jahres wurde eine Atombombe über Nagasaki abgeworfen. Unendlich viel Leid ist dadurch entstanden, doch wir haben davon nicht gelernt, liebevoller mit uns und unseren Mitmenschen umzugehen. Die Politiker lagen seither in einem Wettstreit um die Herrschaft von Atomwaffen und Atomkraftwerken.

Heuer wurde endlich ein US-Präsident gewählt, dem wirklich der Friede auf der Erde und die Erhaltung unserer wunderbaren Natur ein Herzensanliegen ist. Alle Welt schaut auf diesen Mann und seine Familie. Danken wir Gott, dass er uns endlich ein Vorbild geschenkt hat. Dieses Geschenk, der US-Präsident Barack Obama, schwebt aber mit seiner Familie durch seinen Mut in Lebensgefahr.

Damit er das, was ihm und vielen von uns Menschen auf der ganzen Welt wichtig ist, erhalten bzw. durchführen kann, ohne selbst Schaden dadurch zu erleiden, braucht er unsere Hilfe. Er bedarf unserer Gebete!

Es sind nur einige Minuten, die Sie täglich aufbringen müssen - aber wir alle gemeinsam mit Barack Obama, sind mit unseren Gebeten fähig, die Politik in eine andere Richtung zu wenden.

So zu wenden, dass es ein

„NIE WIEDER HIROSHIMA" und „NIE WIEDER NAGASAKI" gibt.

Göttliches Universum, rechne uns unseren Willen - Liebe zu säen, für die Ewigkeit an.

Mit dieser Bitte wünsche ich Ihnen viel Liebe und Freude!

2010 Viele Menschen reden davon

Ich habe die Erfahrung gemacht, dass viele Menschen davon reden,
aber wenige es wirklich wünschen;

EINE ATOM-WAFFENFREIE WELT

und

EINE ATOM-KRAFTWERKFREIE WELT

Wenn nur die wenigen die davon sprechen,
ihre Gedanken in Wünsche verändern
und noch dazu,
diese Wünsche an das Göttliche Universum senden,
kann damit die Welt verändert werden.

Und wenn wir alle,
die wir uns weltweiten Frieden und Harmonie wünschen,
Gott um seinen Segen für alle Menschen bitten,
die entsprechenden Entscheidungen
treffen wollen oder müssen,
werden diese Entscheidungsträger
genug Liebe, Klarheit und Bewusstsein haben,
um ihre Entscheidungen
im Sinne Gottes - der Liebe,
treffen zu können.

Ich glaube, dass wir nur auf diese Weise,
den Frieden in der Welt schaffen können.

2011 Als Gott die Welt erschuf

Als Gott die Welt erschuf, sprach er zum Menschen: „Macht Euch die Erde untertan." Damit hat er sicher nicht gemeint, sie uns zu unterwerfen, auszubeuten und zu ruinieren. Ich glaube, er wollte uns sagen, dass wir für sie verantwortlich sind. Verantwortlich wie für unsere „Untertanen". Untertan sind jene Menschen, für die wir die Verantwortung tragen. Das sind vor allem unsere Kinder.

Was aber tun wir mit unserer Natur und unseren Mitmenschen - Untertan?

Nicht einmal die verheerenden Folgen der Atombombenabwürfe von Hiroshima und Nagasaki verhindern, dass weiter Atomwaffen einsetzbar sind, anstatt sie abzurüsten.

Ganz zu schweigen von den Atomkraftwerken. Wir haben mehrere Möglichkeiten der Stromerzeugung - es darf kein Atom sein.

Ein Atomkraftwerk nach dem anderen gibt den „Geist" auf. Anstatt mit meterdicken Abdichtungen die Werke stillzulegen, wird wie selbstverständlich weitergearbeitet.

Wir stehen Nahe am Abgrund und dürfen nicht dazu schweigen.

Es muss mit allen Waffen und Atomkraftwerken für immer Schluss gemacht werden.

2012 Von Politikern enttäuscht

Der Bericht der Wiener Friedensbewegung vom neuen Jahresbericht des renommierten Stockholmer Friedensinstituts SIPRI, löst bei mir tiefe Betroffenheit und Enttäuschung aus. Betroffenheit darüber, dass Abrüstung noch immer kein Thema für die Weltpolitik - Politiker der Welt - ist.

Enttäuschung darüber, dass die Politiker sogar nach dem Atom-Fiasko in Japan, noch nicht einsehen, dass wir mit dem Leben unserer Kinder „spielen". Anscheinend ist es für die zuständigen Politiker ein Spiel mit der Macht. Sie bauen atomfeste Bunker für sich und ihre Familien und bedenken nicht, dass das keine Rettung für sie ist, sondern nur ein Aufschub. Denn wie soll ihr Leben weiter gehen, wenn es keine oder nur schwer- kranke Menschen gibt, die für ihre Bedürfnisse sorgen.

Jeder Mensch sollte sich Zeit dafür nehmen, um sich in Stille die Folgen eines Atomkrieges oder weiterer Unfälle von Atomkraftwerken vorzustellen.
Ich könnte mir vorstellen, dass das auch eine Änderung bei den Politikern und Machthabern auslösen würde.

Und wieder will ich jedem das Beten ans Herz legen. Gebete können die Welt positiv verändern!!!

Somit ein
NIE WIEDER HIROSIMA!

2013 Wenig Anlass zur Hoffnung

Die Wiener Friedensbewegung hat die Informationen vom Stockholmer Friedensforschungsinstitut SIPRI mit den Worten: „Wenig Anlass zur Hoffnung" weitergegeben. Das bestätigt meine Meinung, dass wir in den Schuhen der Maya dem Abgrund entgegen gehen.

Als Jugendliche habe ich entweder in der Schule gelernt, gelesen oder gehört, dass es in den Wäldern Amerikas Gebiete gibt, welche nicht benutzbar wären, weil ein Fluch darauf liegt. Jeder der versucht hat, diese Gebiete aufzusuchen ist an einer unerklärlichen Krankheit verstorben. Diese Gebiete wurden vorher von den Maya bewohnt und nach vielen Jahren von der Natur überwuchert. Jahre später las ich dann, dass man inzwischen diese Gegenden erkundet hat. Es wurde festgestellt, dass die Maya fluchtartig die Gegend verlassen haben, obwohl es ein fruchtbares Land ist.
Ich habe das Gefühl, wir leben in den gleichen Verhältnissen wie die Maya aus dieser Gegend. Für mich ist es wahrscheinlich, die Maya haben ihre Heimat aus demselben Grunde verlassen, wie die Menschen aus Tschernobyl und Fukushima.

Atomwaffen sind noch gefährlicher als Atomkraftwerke, da sie nicht nur Gebiete verstrahlen, sondern von einem Stützpunkt aus, die ganze Erde erreichen können.

Damit ich mehr Menschen erreichen kann, um sie auf diese Missstände aufmerksam zu machen und einige Vorschläge, wie wir unsere Kinder und Kindeskinder davor bewahren können, dass sie nicht wie die Maya fluchtartig die Heimat für viele, viele Jahre verlassen müssen, habe ich ein Buch mit dem Titel: „In den Schuhen der Maya" veröffentlicht.
Mit diesem Buch möchte ich auf einiges hinweisen und zum Nachdenken und Umdenken anregen.

Mit friedlichen Grüßen und voller Hoffnung

2014 Unbewohnt- und nicht nutzbar
Die größte Gefährdung der Menschheit ist zurzeit die Radioaktivität durch Atomwaffen und Atomreaktoren.

Bisher waren die Reaktorkarambolagen noch in Grenzen. Doch es wurden dadurch Gebiete unbewohnt- und unfruchtbar. Das heißt, nicht unfruchtbar, sondern nicht nutzbar. Die Felder können nicht mehr bewirtschaftet werden, da die Menschen, welche sie bearbeiten durch die radioaktiven Strahlen erkranken und sterben würden. Die Früchte können nicht mehr als Nahrungsmittel oder Futter für die Tiere verwendet werden, weil durch sie die Radioaktivität weitergetragen würde.

Ich kann mir vorstellen, dass aus solchem oder ähnlichem Grunde die Maya ihre fruchtbaren und kulturell hochgestellten Gebiete plötzlich, wie von Wissenschaftlern nachgewiesen wurde, verlassen haben. Es hat hunderte Jahre gedauert, bis Menschen schadlos dieses Gebiet betreten konnten.

Die Kultur der Maya war weiter fortgeschritten, als es unsere jetzige ist. Ist es da nicht möglich, dass auch sie mit Atom gehandhabt haben, wie wir es jetzt auch machen?

Wir müssen lernen umzudenken um ohne Atomkraftwerke und ohne Atomwaffen auszukommen, damit wir **unseren Kindern, Enkel und Urenkel** den Lebensraum erhalten.

Denken Sie darüber nach und tragen Sie dazu bei,
um unsere Welt von Atomkraft und Atomwaffen freizumachen.

In Demut vor der Schöpfung

2015 Worte wählen

An alle, die sich Frieden und Gesundheit wünschen!

Eine weise Frau machte mich vor Jahren auf meine Ausdrucksweise aufmerksam, indem sie zu mir sagte: „Ilse, immer wenn du von etwas Wunderbarem sprichst, nennst du es „Wahnsinn". Ich nahm mir das zu Herzen und habe mir angewöhnt, das auszusprechen was ich auch kundtun will. Ich verwende für das Schöne die Worte wunderbar, großartig, fantastisch, einzigartig oder eben schön.

Seither fällt mir aber auf, dass sich fast alle Menschen so ausdrücken, wie ich früher und dabei wurde mir als Energetikerin auch bewusst, weshalb der Wahnsinn die Welt regiert, denn, ich weiß nicht von wem folgende Worte stammen, aber darum geht es:

„Aus Gedanken werden Worte.
Aus Worte werden Taten.
Aus Taten werden Gewohnheiten.
Aus Gewohnheiten werden Charaktere.
Aus Deinem Charakter wird Dein Schicksal."

Die Handhabung mit Atom, ist jedoch ein wirklicher Wahnsinn!
Egal ob Atomkraftwerke und noch schlimmer Atomwaffen. Wenn man es genau nimmt, Waffen zu benutzen, oder zu glauben sie benutzen zu müssen ist schon wahnsinnig.

Ich glaube, den Frieden herbeizuführen und zu manifestieren beginnt mit der Wortwahl!

Ich bitte Sie daher inständig und von ganzem Herzen Ihre Worte so zu wählen, dass die Energie Ihrer Worte Frieden bringt, denn das ist ein wertvoller Beitrag und den kann jeder leisten. Dann hätten wir endlich Frieden auf der Welt.

Ich wünsche Ihnen, unseren Kindern und Enkelkindern, sowie auch mir, dass es uns gelingt, ohne Atombomben und Atomkraftwerke leben zu dürfen.

2016 Für Friedensstörer oder -Verhinderer beten
Liebe Friedensfreunde und Friedensfreundinnen!

Lass`t uns beten:

GOTT,
DER DU MUTTER UND VATER FÜR UNS BIST,
SCHENKE UNS ALLEN DEINE LIEBE.

BESONDERS ABER DENJENIGEN,
DIE DURCH IHR VERHALTEN DEN FRIEDEN STÖREN ODER
KRIEGE AUSLÖSEN.

BITTE LASSE SIE DEINE LIEBE SPÜREN,
DAMIT SIE SICH GELIEBT FÜHLEN UND LIEBEN KÖNNEN.

SENDE ALLEN DIE FÜR DAS WOHL DER MENSCHEN
VERANTWORTUNG TRAGEN, DEINEN GEIST,
DENN DANN WIRD

„NIE WIEDER HIROSHIMA"
SEIN!

2017 Weltweites Verbot von Atomwaffen

Mein Herz klopfte schneller vor Freude, als ich im Teletext gelesen habe, dass viele Staaten das Verbot von Atomwaffen angenommen haben. Nachdem es aber nicht alle Staaten dieser Erde unterschreiben wollen, bedarf es immer noch einer Bewusstseinsbildung der Menschen.

Die Friedensbewegungen tragen einen großen Teil dazu bei.

Ich darf als Humanenergetikerin im kleinen Rahmen mit meiner Arbeit helfen.
Denn der Wunsch nach Frieden beginnt in jedem Menschen, wenn er in Frieden und Harmonie in und mit sich selbst ist. Wenn jemand den inneren Frieden fühlt, wird er keinen Schutz durch Atomwaffen verlangen.

Jesus sagte: „Nicht das, was durch den Mund in den Menschen hineinkommt, macht ihn unrein, sondern was aus dem Mund des Menschen herauskommt, das macht ihn unrein."

Nur wenn jeder von uns kundtut, dass er alle Atomwaffen verabscheut, können wir es schaffen, ohne Atomwaffen zu leben. Es ändert sich nichts, wenn wir es nur denken, AUSSPRECHEN müssen wir es, damit wir unsere Mitmenschen ermutigen, es auch auszusprechen!

Ich wünsche uns allen, dass keine Atomwaffen auf dieser Welt existieren.

2018 Um Erleuchtung beten
GEDENKEN AN DIE OPFER DER ATOMBOMBENABWÜRFE VON HIROSHIMA + NAGASAKI AM 6. + 9. AUGUST 1945 UND DIE WEITEREN OPFER MILITÄRISCHER UND ZIVILER ANWENDUNG DER ATOMTECHNOLOGIE!

Die Zivilgesellschaft, die Friedensbewegung, die MedizinerInnen gegen den Atomkrieg und das Rote Kreuz, gedenken am Jahrestag der Atombombenabwürfe über Japan:

Montag den 6. August 2018 ab 18:00 Uhr
in Wien am Stephansplatz.
Um ca. 20:30 Uhr findet ein Laternenzug
vom Graben zum Teich vor der Karlskirche statt.
Dort werden die Laternen in japanischer Tradition
auf das Wasser des Teiches aufgesetzt,
um an die brennenden Menschen zu erinnern die im Wasser
Erleichterung von
ihrem Leiden suchten.
Die Gedenkveranstaltung für Nagasaki findet am
Donnerstag, den 9. August 2018 ab ca. 20.00 Uhr
bei der Friedenspagode in Wien statt.

An alle die eine ATOMFREIE Welt wünschen!
Nicht jeder hat die Möglichkeit oder Kraft und Energie, sich persönlich für ein totales Verbot von Atomwaffen und Atomkraftwerke einzusetzen.

Doch jeder Mensch, der eine Welt ohne Atomwaffen und ohne Atomkraftwerke wünscht, hat die Möglichkeit dafür zu beten. Insbesondere für die Menschen, welche das totale Verbot verhindern oder sogar noch mehr Atomwaffen und Atomkraftwerke befürworten. Wir kennen nicht die Auslöser der Handlungen dieser Menschen, oft nicht einmal sie selbst. Aber diese Menschen brauchen unsere Gebete, um dahin zu kommen, dass sie keine Atomwaffen und Atomkraftwerke benötigen bzw. wünschen oder ihre Macht missbrauchen.

Egal welcher Religion jeder von uns angehört - jede Religion lehrt den Frieden. Jeder Mensch fühlt eine Macht die stärker ist als wir Menschen.

Diese, wie immer man sie benennt darum zu bitten, alle Menschen zu Erleuchten, ist jedem Menschen möglich. Dabei spielt weder das Alter, das Geschlecht oder die Herkunft eine Rolle. Ich habe die Erfahrung gemacht, dass Gebete wirklich helfen, wenn man den eigenen Willen ausschaltet und sich dem göttlichen Willen hingibt. Von ganzem Herzen (heißt ehrlich) und ohne Vorbehalt. Je mehr Menschen beten, desto besser wirken die Gebete.

Es ist egal ob ein Mensch oder eine Gruppe beten. Ich bete mindestens zwei Mal am Tag:
Gott erleuchte uns bitte alle, besonders jene, die Deiner Erleuchtung am meisten bedürfen damit wir weltweit wertschätzend und liebevoll miteinander umgehen, Tiere und Natur schützen und pflegen und in Frieden leben können.

Ich wünsche uns allen eine ATOMFREIE WELT!

2019 Ein Mädchen ließ die ganze Welt aufhorchen
Ein junges Mädchen machte heuer die ganze Welt darauf aufmerksam, dass wir Erwachsenen systematisch die natürlichen Lebensräume zerstören.
Ich nehme heuer die Gedenktage wahr, um die Gelegenheit zu nutzen das gleiche zu tun wie dieses junge Mädchen.

Diese Gedenktage sollen uns erinnern, wieviel Schaden 1945 diese Atombomben angerichtet haben.
Aber auch, mit welchen anderen Lebensweisen wir unsere Natur zerstören.

**Atombomben und Waffen, sowie Atomreaktoren
sind die größten Verursacher der Umweltzerstörung.
Es folgen die Flugzeuge,
anschließend die Fernlaster.
Die Privatautos werden gerne als zu kleine Verursacher der
Umweltverschmutzung abgetan, aber durch die große Menge die
weltweit die Straßen befahren UND
in 90 von 100 PKW`s sitzt nur 1Person,
ist der Schaden enorm den sie verursachen.**

Wenn Gott das alles wollte, hätte er uns Räder und Flügel wachsen lassen!!!

Wie überheblich sind wir, wenn wir nicht die öffentlichen Verkehrsmittel benutzen und aus Bequemlichkeit mit dem Auto fahren?

Wie überheblich sind wir, dass wir jährlich eine oder mehrere Fernreisen mit dem Flugzeug unternehmen, ohne davon einen Beitrag für minderbemittelte Menschen zu geben?

Mit der Bitte sich zu besinnen und die Lebensweise umweltfreundlicher zu gestalten, verbleibe ich wie seit 20 Jahren in Demut –

PS 2020: Selbstverständlich gehören auch die Schiffe zu den größten Umweltschädigern. Durch die Verschmutzung der Meere und den Öl- und Dieselverbrauch. Aber auch die Industrie.

2020 Wie Turmbau zu Babel
VOR 75 JAHREN GESCHAH ETWAS ENTSETZLICHES,
DAS WIR NIE WIEDER WOLLEN!

Zum Gedenken an die Atombombenopfer von
Hiroshima und Nagasaki
will ich daran erinnern,
DASS WIR NAHE DARAN SIND,
ES DIESES MAL <u>WELTWEIT</u> ZU ERLEBEN BZW.
NICHT GESUND ZU ÜBERLEBEN.

Wie beim Turmbau zu Babel,
hat uns heuer ein Virus weltweit die Grenzen von uns Menschen
gezeigt.
Er hat alle Menschen gezwungen, uns auf das Wesentliche zu
besinnen.
Ich denke, dazu gehört es im Besonderen
WAFFEN-FREI UND ATOM-FREI ZU LEBEN,
damit es nie zu einer weltweiten Katastrophe,
wie damals in Hiroshima und Nagasaki kommt.

Die Corona-Pandemie soll nicht nur für Politiker eine Warnung
sein,
sondern für jeden Menschen.

MIT UNSEREN GEWOHNHEITEN UND UNSEREM
VERHALTEN
KÖNNEN WIR DIE POLITIK UND UNSERE UMWELT
VERÄNDERN,
DAS HEISST,
ZUR GESUNDEN NATUR UND ZUM FRIEDEN FÜHREN.

Dann haben wir den Himmel auf Erden
und
Nie wieder Hiroshima oder Nagasaki!

Erst heute kann ich antworten
(auf den Terroranschlag am 11. Nov. 2001 in New York)
Ich war "fassungslos" und "sprachlos" als ich vom Terror in Amerika hörte
und die ganze Nacht vorm Fernseher saß. Meiner Tochter, die in Tränen
ausbrach, sagte ich, dass ich weiß, was sie fühle, ich aber meine Seele
zugesperrt habe, aus Angst, dass ich lange Zeit nicht aus dieser Tiefe
herauskomme. Als Kard. Dr. König sprach, er könne nicht darüber reden,
bestätigte er mir mein Verhalten. Erst am zweiten Morgen nach dem
Geschehen, konnte ich meine Gefühle in Worte fassen;

Meine Seele kann diese unmenschliche Herzenskälte, diesen Hass, diese
Hochmütigkeit und Grausamkeit nicht fassen.

Meine Trauer gilt nicht so sehr den Toten. Ich glaube dadurch, dass ihnen
das Mitgefühl der Menschen aus der ganzen Welt zuteilwird, haben sie
den Zustand, den wir Christen Himmel nennen, schon erreicht.
Für die Hinterbliebenen bete ich, dass sie ihr persönliches Unglück und
das ihnen zugefügte Leid nicht als Strafe betrachten, sondern die Einsicht
erlangen, dass durch die bewusst durchlebte Trauer eine „innere Größe"
erreicht werden kann.

Besonders bitte ich, dass alle Menschen, im Besonderen die in Amerika
betroffenen und die Politiker, ihre Betroffenheit und Trauer, sowie den
Zorn, der durch die Machtlosigkeit entstehen kann, nicht zu Hass,
Vergeltungsdrang oder Rache werden lassen. Es soll die Liebe sein, die
ihnen hilft, klare Gedanken und edle Gefühle walten zu lassen. Durch
große Vergeltungsschläge würden wieder jene Menschen betroffen,
welche die kleinste bzw. keine Schuld an dem Terror in Amerika tragen.
Das Leid würde noch größer. Die Schuld derjenigen die Vergeltung
ausüben wäre noch größer als die der Übeltäter in Amerika. Meiner
Meinung nach darf ein Mensch, der vor aller Welt aussagt, er bete um
Gottes Segen für Amerika, nicht an einen Gegenschlag denken,
geschweige denn, einen anordnen. Damit will ich nicht sagen, dass die
Schuldigen der Anschläge nicht gefasst werden sollen. Ganz im Gegenteil,
nur durch Inhaftierung kann die Menschheit vor ihnen geschützt werden,
denn sie sind eine Gefahr für die Menschen auf der ganzen Welt. Jedoch
das Geltungsbedürfnis der Politiker kann den Menschen auf der ganzen
Welt, noch tieferes Leid zufügen.

Danksagung

Am 19. Nov. 1995 feierte ich Danksagung. Es war nicht mein Geburtstag, sondern mein Namenstag.

Ich hatte über hundert Gäste. Nicht nur meine Familie und Freunde waren dabei. Es kamen auch Leute aus der Pfarre, Friedensfreunde von der Wiener Friedensbewegung, Christen der Friedens-bewegung und Pax Christi. Die Eine-Welt-Gruppe und einige Begleiter der Arbeitsgemeinschaft Haus des Friedens.

Zwei Priester der Christen der Friedensbewegung zelebrierten den Gottesdienst. Gestaltet haben wir den Gottesdienst für Frieden, Gerechtigkeit und Bewahrung der Schöpfung.

Zu der Eröffnung, oder Eingang
hat die damalige Obfrau und Vereinsgründerin der Arbeitsgemeinschaft Haus des Friedens meine aufgeschriebenen Gedanken vorgelesen. Ich habe sie gebeten, das für mich zu tun, da ich befürchtete, ohne Tränen würde ich es nicht schaffen. Das erklärte sie auch den Gästen:

Ich freue mich, dass Ihr da seid.
Danksagung heißt:
Danke sagen!
Also, ich möchte Euch allen DANKE sagen, dass Ihr da seid.
Weiters möchte ich Euch für das, was Ihr für mich getan habt, danken. Besonders für jedes gute Wort. Jesus sagte: „Nicht vom Brot allein lebt der Mensch." Ich danke Euch für jedes liebevolle Wort, jedes aufmunternde, jedes bestärkende, jedes zärtliche, jedes anerkennende, jedes mutmachende. Und ich danke Euch für den TON in Eurer Stimme, denn: „Der Ton macht die Musik".

Meinen Eltern möchte ich danke sagen, dafür, dass ich auf die Welt gekommen bin.

Bei meinen 2 Töchtern, Michaela, die Große und Katherina, die Jüngere, möchte ich mich wie jedes Jahr zum Muttertag bedanken, dass ich die Mutter von zwei so großartigen Kindern sein darf. Heute möchte ich mich zusätzlich für Eure Treue zu mir und Eure Zuneigung bedanken. Es ist nicht selbstverständlich, so gute Kinder zu haben. Es ist eine große

Leistung von Euch, so zu sein, wie ihr seid. Michaela, die immer der ruhende Pol in unserem Dreimäderlhaus ist und Katherina, die immer für Leben in unserer Familie sorgt. Es ist schön, dass es Euch gibt und es hat sich gelohnt, für Euch durchzuhalten und zu leben.

Zum Abschluss möchte ich mich bei meinem himmlischen Vater bedanken. Für alles Schöne, was ich erleben durfte, aber auch für die schweren Zeiten, Niederlagen und Prüfungen. Ich möchte ihm danken, dass er mir die Kraft gab, heraus zu wachsen und vielleicht wie eine Taube - eine Friedenstaube - empor zu steigen. Nicht zu hoch, denn umso tiefer ist der nächste Fall. Ich danke ihm für die wunderbaren Kinder, die ich haben darf und dass er sie bis jetzt vor großer Krankheit und schwerem Leid bewahrt hat.
Ich danke ihm, dass es Euch gibt. Euch alle, die Ihr hier seid, aber auch die Freunde, Bekannten und Verwandten, die, aus welchen Gründen auch immer, nicht dabei sind.

Bußakt/Schuldbekenntnis
Wir schauen zu, wie Gottes Schöpfung unaufhaltsam zerstört wird. Wir haben zu wenig protestiert und zu wenig Widerstand geleistet.
Herr erbarme Dich unser!

Wir haben selbst aus Oberflächlichkeit und Konsumgier mit dazu beigetragen, dass die Luft verpestet wird.
Christus erbarme Dich unser!

Wir haben zu wenig Verantwortungsbewusstsein für die künftigen Generationen gehabt, die auch eine lebensfähige Atmosphäre auf unserer Erde haben möchten.
Herr erbarme Dich unser!

Tagesgebet:
Herr Du hast uns Deine Schöpfung anvertraut. Wir wollen sie bewahren und unzerstört weitergeben an die nächsten Generationen.
Laß` uns immer mehr begreifen, dass die Erde nicht uns gehört, sondern dass wir nur Mieter sind in diesem Haus, das Du uns zur Verfügung stellst.
Wir bitten Dich durch Christus unsern Herrn.

Lesung Gen. 1,24 - 2,3 hat meine Tochter Michi gelesen:

„Dann sprach Gott: Das Land bringe alle Arten von lebendigen Wesen hervor, von Vieh, von Kriechtieren und von Tieren des Feldes. So geschah es.

Gott machte alle Arten von Tieren des Feldes, alle Arten von Vieh und alle Arten von Kriechtieren auf dem Erdboden. Gott sah, dass es gut war.

Dann sprach Gott: Lasst uns Menschen machen als unser Abbild, uns ähnlich. Sie sollen herrschen über die Fische des Meeres, über die Vögel des Himmels, über das Vieh, über die ganze Erde und über alle Kriechtiere auf dem Land.

Gott schuf also den Menschen als sein Abbild; als Abbild Gottes schuf er ihn. Als Mann und Frau schuf er sie.

Gott segnete sie und Gott sprach zu ihnen: Seid fruchtbar und vermehrt euch, bevölkert die Erde, unterwerft sie euch und herrscht über die Fische des Meeres, über die Vögel des Himmels und über alle Tiere, die sich auf dem Land regen.

Dann sprach Gott: Hiermit übergebe ich euch alle Pflanzen auf der ganzen Erde, die Samen tragen, und alle Bäume mit samenhaltigen Früchten. Euch sollen sie zur Nahrung dienen. Allen Tieren des Feldes, allen Vögeln des Himmels und allem, was sich auf der Erde regt, was Lebensatem in sich hat, gebe ich alle grünen Pflanzen zur Nahrung. So geschah es.

Gott sah alles an, was er gemacht hatte: Es war sehr gut. Es wurde Abend und es wurde Morgen: der sechste Tag.

So wurden Himmel und Erde vollendet und ihr ganzes Gefüge.

Am siebten Tag vollendete Gott das Werk, das er geschaffen hatte, und er ruhte am siebten Tag, nachdem er sein ganzes Werk vollbracht hatte. Und Gott segnete den siebten Tag und erklärte ihn für heilig; denn an ihm ruhte Gott, nachdem er das ganze Werk der Schöpfung vollendet hatte."

Als Evangelium wählten wir: Joh. 2,13-22

„Die Vertreibung der Händler aus dem Tempel.

Das Paschafest der Juden war nahe und Jesus zog nach Jerusalem hinauf.

Im Tempel fand er die Verkäufer von Rindern, Schafen und Tauben und die Geldwechsler, die dort saßen.

Er machte eine Geißel aus Stricken und trieb sie alle aus dem Tempel hinaus, dazu die Schafe und Rinder; das Geld der Wechsler schüttete er aus und ihre Tische stieß er um.

Zu den Taubenhändlern sagte er: Schafft das hier weg, macht das Haus meines Vaters nicht zu einer Markthalle!

Seine Jünger erinnerten sich an das Wort der Schrift: Der Eifer für dein Haus verzehrt mich.

Da stellten ihn die Juden zur Rede: Welches Zeichen lässt du uns sehen als Beweis, dass du dies tun darfst?

Jesus antwortete ihnen: Reißt diesen Tempel nieder, in drei Tagen werde ich ihn wiederaufrichten.

Da sagten die Juden: Sechsundvierzig Jahre wurde an diesem Tempel gebaut und du willst ihn in drei Tagen wiederaufrichten?

Er aber meinte den Tempel seines Leibes.

Als er von den Toten auferstanden war, erinnerten sich seine Jünger, dass er dies gesagt hatte, und sie glaubten der Schrift und dem Wort, das Jesus gesprochen hatte."

Predigt:

Der Sekretär und der Pressesprecher der Wiener Friedensbewegung lasen abwechselnd:

"Das Mädchen von Hiroshima" von Toshi Maruki
gekürzte Erzählung der Friedensnobelpreisträgerin

An diesem Morgen war der Himmel über Hiroshima strahlend blau. Es war Hochsommer, und die Sonne fing schon an zu glühen. Die sieben Flüsse von Hiroshima flossen ruhig. Die Straßenbahnen fuhren auf ihren Schienenwegen. Miichan saß gerade mit Vater und Mutter beim Frühstück. Miichan war sieben Jahre alt.

Und da geschah es: Ein ungeheurer Blitz flammte auf, und dann war alles grell orangenrot beleuchtet.

Das war die Atombombe, die auf Menschen fiel, abgeworfen von einem amerikanischen Bombenflugzeug.

Es war eine B29. "Enola Gay", "kleiner Junge". Das war am 6. August 1945, morgens um 8 Uhr 15.

Als Miichan wieder zu sich kam, war alles überall finster und still. Was war denn mit ihr geschehen? Sie konnte sich nicht bewegen. Und dann hörte sie das Feuer knistern. Aus dem Dunkel schlugen rote Flammen. Feuer! Es brennt! "Miichan!" hörte sie die Mutter schreien. Mit aller Kraft kroch Miichan unter den schweren Balken hervor, die sie fast erdrückt hatten. Die Mutter riss Miichan an sich und hielt sie ganz fest. "Schnell, schnell" rief ihre Mutter. "Es brennt! Alles brennt!"

Der Vater war mitten im Feuer. "Jetzt ist alles aus!"

Die Mutter und Miichan starrten ins Feuer und falteten die Hände. Das Feuer prasselte und knisterte. Auf einmal tauchte der Vater in den Flammen auf. Die

Mutter stürzte sich ins Feuer und holte den Vater heraus. Sein Körper war zerschunden und voller Brandblasen. Die Mutter nahm ihre Gürtelschärpe und wickelte sie als Verband dem Vater um. Wie stark die Mutter war! Sie nahm den Vater auf den Rücken und Miichan an der Hand und rannte ins Freie.

„Wir müssen zum Fluss, zum Wasser!" schrie die Mutter. „Zum Wasser!" schrie Miichan. Und schon rollten sie das Ufer hinunter und wateten ins Wasser. Auf einmal war die Hand der Mutter fort. „Jetzt kannst du schon selbst auf dich achtgeben!" sagte die Mutter. „Du bist ja schon ein großes Mädchen!"

Es waren noch viele Leute dort. Sie waren alle vor dem Feuer davongelaufen. Ihre Kleider waren verbrannt. Ihre Körper waren voller Brandblasen, sie hatten geschwollene Lippen und dick geschwollene Augenlieder. Viele konnten nichts sehen. Blinde Kinder weinten leise „Wasser, Wasser".
Menschen kamen daher, denen die Haut in Fetzen herunterhing. Sie wanderten wie Gespenster umher.
Andere Menschen lagen erschöpft auf der Erde, und wieder andere stolperten über die, die nicht mehr weiterkonnten und fielen auch hin, gleich auf sie drauf. So gab es überall kleine Hügel aus Menschenleibern. In der Hölle kann es nicht schrecklicher sein.

Da machte es plötzlich: Hopp! Hopp! Etwas hopste vor Miichans Füße. Das waren die Schwalben. Den armen Schwalben hatte das Feuer die Flügel verbrannt, und sie konnten nicht mehr fliegen. Sie konnten nur noch hopsen. Auf dem Fluss kamen tote Menschen angeschwommen. Auch eine Katze. Als Miichan sich einmal umdrehte, sah sie eine junge Frau mit einem Baby im Arm. „Wir haben uns aus dem Feuer gerettet, und jetzt wollte ich meinem Baby Milch geben, aber es ist schon tot!" sagte die junge Frau zu Miichan und weinte. Mit dem Baby im Arm lief sie in den Fluss hinein, immer tiefer ins Wasser. Bald konnte man die Frau nicht mehr sehen.

Der Himmel wurde dunkel und es fing an zu donnern. Dann regnete es, einen öligen, schwarzen Regen. Und es wurde entsetzlich kalt, obwohl es Hochsommer war. Später war ein siebenfarbiger Regenbogen auf dem dunklen Himmel zu sehen. Er leuchtete über den Verwundeten und Toten.

Die Mutter nahm den Vater wieder auf den Rücken. Sie mussten weiterflüchten, denn hinter ihnen her lief das Feuer. Es war schrecklich und schnell. Sie liefen und redeten kein Wort. Zerbrochene Ziegel, zerrissene elektrische Drähte und geknickte Telegrafenstangen lagen überall auf dem Weg, aber sie kämpften sich vorwärts. Sie mussten zwischen brennenden Häusern durch und kamen wieder zu einem Fluss. Mitten im Fluss fiel Miichan und wäre beinahe ertrunken. Aber die Mutter packte sie an der Hand und half ihr weiter.

Endlich kamen sie dorthin, wo der Fluss ins Meer mündet. Nicht sehr weit von der Küste entfernt liegt dort die Insel Miyajima. Die Insel lag in einem lilafarbenen Nebel. Die Mutter wollte mit einem Boot zu der Insel hinüberfahren. Auf die Insel kann uns das Feuer nicht nachlaufen, dachte Miichan, dann fielen ihr die Augen zu. Auch Vater und Mutter schliefen erschöpft ein.

Es dunkelte und die Nacht kam. Es tagte und der Morgen kam. Dann kam wieder die Nacht.
Die Sonne stieg wieder auf, danach war Nacht und noch einmal Morgen. „Bitte der Wievielte ist heute?" fragte die Mutter einen Mann, der unter den Schlafenden und Toten nach Freunden und Verwandten suchte.
„Heute ist der Neunte", antwortete er ihr. Die Mutter zählte an den Fingern ab: „Dann ist das schon vier Tage her". Miichan fing leise an zu weinen. Da richtete sich eine alte Frau auf, die wie tot dagelegen war, zog einen Knödel aus ihrem Bündel und hielt ihn Miichan hin. Es war ein Knödel aus gekochtem Reis und Gerste. Als Miichan ihn nahm, fiel die Frau hin und rührte sich nicht mehr.

„Du hälst ja noch immer die Essstäbchen von unserem Frühstück vor vier Tagen in der Hand! Lass sie doch los!" rief die Mutter erstaunt. Aber Miichan konnte nicht loslassen. Die Mutter öffnete vorsichtig Miichans verkrampfte Faust. Endlich konnte Miichan die Essstäbchen loslassen.

Aus einem nahen Dorf kamen Feuerwehrleute. Soldaten trugen die Toten fort. Die Luft stank so schrecklich nach Rauch und Staub und Toten, dass die Lebenden kaum atmen konnten. Die Schule, die das Feuer verschont hatte, wurde zum Krankenhaus. Aber es gab keine Betten, keine Leintücher, keine Decken. Die verwundeten Kranken mussten auf dem Boden liegen. Es gab auch keinen Arzt, kein Verbandszeug und keine Medikamente. Die Mutter und Miichan trugen den Vater zu der Krankenhaus-Schule.

„Was ist aus unserem Haus geworden, Miichan? Komm gehen wir schnell nachsehen!" Die Mutter und Miichan kamen zu der Ecke, wo sie gewohnt hatten. „Schau Mutti, da ist meine Reisschale! Ganz verbeult ist sie!" Miichan fielen ihre Freundinnen ein, Satchan, das Nachbarkind und Tchichan. Wo waren die? Ob sie *überhaupt noch leben? Miichan fand keine einzige ihrer Freundinnen. Die ganze Stadt Hiroshima sah aus wie eine Wüste. Kein Grashalm war übriggeblieben, kein Baum, kein Haus. Alles war verbrannt und es war doch nur eine einzige Atombombe abgeworfen worden. Aber schon durch diese eine Bombe sind viele Menschen gestorben, so viele, wie man sich gar nicht vorstellen kann. Und auch heute noch, nach 50 Jahren, müssen Menschen an der Atomkrankheit sterben.*

Die Opfer der Atombombe von Hiroshima waren nicht nur Japaner. Damals im Krieg waren auch Koreaner nach Japan gebracht worden. Sie wurden gezwungen dort zu arbeiten. So starben auch viele Koreaner in Hiroshima. Die toten Koreaner, ließ man einfach liegen und bald saßen Hunderte von Krähen auf ihnen.

Am 9. August wurde die zweite Bombe abgeworfen. Auf die Stadt Nagasaki. Wieder kamen viele Japaner ums Leben und auch viele Koreaner. In Hiroshima und Nagasaki starben auch Amerikaner, aus deren Land die Atombomben stammten. Auch Chinesen, Russen und Indonesier waren unter den Toten.

Miichan sieht heute noch immer wie ein siebenjähriges Mädchen aus. Sie wächst nicht. „Das kommt von der Atombombe" sagt die Mutter und wischt sich die Tränen ab. „Es juckt mich!" sagt Miichan manchmal und zeigt auf ihren Kopf. Dann sucht die Mutter auf Miichans Kopfhaut und findet etwas Kleines Blitzendes. Das zieht sie dann mit der Pinzette heraus. Es ist einer von den Glassplittern, die damals in die Kopfhaut gedrungen waren. Der Vater hatte zwar auf dem ganzen Körper Wunden gehabt, aber die heilten alle und er fühlte sich wohler. Später an einem Herbsttag mit vielem Regen, fielen dem Vater auf einmal alle Haare aus. Er spuckte Blut und starb. Überall auf seinem Körper waren dunkle Flecken aufgetaucht. Manche Leute, die damals ohne Wunden davongekommen waren, dachten: „Wir sind gerettet!" und freuten sich. Aber es ist ihnen ähnlich ergangen wie dem Vater. Es gab auch Leute, die waren eilig in das von den Bomben zerstörte Hiroshima gekommen, um Freunde und Verwandte zu suchen. Auch viele von ihnen sind bald gestorben, obwohl sie keine Wunden hatten.

Seither sind 50 Jahre vergangen. Aber auch heute liegen noch viele Menschen im Krankenhaus und sterben langsam an der Atomkrankheit.

Jedes Jahr am 6. August schwimmen unzählige Laternen in den sieben Flüssen von Hiroshima hinunter.

(In Wien werden an einem der Abwurftage, zum Gedenken an die Opfer von Hiroshima und Nagasaki, ein „Laternenzug" vom Stephansplatz zum Karlsplatz veranstaltet, wo dann die Laternen in den Teich vor der Karlskirche abgesetzt werden. Am anderen Gedenktag werden von der Friedenspagode in der Freudenauer Hafenstraße, Laternen zur Donau gebracht.)

Chiyochan, Tomichan, Brüderchen, Mutter, Vater … Auf jeder Laterne ist der Name eines Opfers der Bombe geschrieben. Dann leuchten die sieben Flüsse von Hiroshima wie Feuerflüsse. Die Laternen schwanken und flackern und treiben langsam bis zum Meer. Auf eine Laterne hat Miichan „Vati" geschrieben und auf eine andere „Schwälbchen". Dann setzt sie die Laternen in den Fluss und lässt sie schwimmen.

Mutters Haar ist weiß geworden. Manchmal streichelt sie den Kopf von Miichan, die für immer sieben Jahre alt bleibt und sagt: „Die Atombombe fliegt nicht von selbst. Sie wird von Menschen geworfen."

Anschließend klopften der Buddhistische Friedensmönch Masunaga und sein Mitbruder ein Gebet.

Die **Fürbitten** sprachen meine beiden Töchter und ich.
ILSE:
Lasse uns nie die Kraft und den Mut verlieren um uns für den Frieden, die Gerechtigkeit und Bewahrung der Schöpfung einzusetzen.
MICHI:
Gib uns immer das rechte Wort zur rechten Zeit.
KATHI:
Gib unseren Verstorbenen den ewigen Frieden.

Zum Glaubensbekenntnis legten wir Vordrucke in den Bänken auf. Der Text lautete:
„Ich glaube nicht an das Recht des Stärkeren, an die Sprache der Waffen, an die Macht der Mächtigen.
Doch will ich glauben an das Recht des Menschen, an die offene Hand, an die Gewaltlosigkeit."

„Ich will nicht glauben an Rasse oder Reichtum, an Vorrecht oder Privilegien, an feststehende Ordnungen.

Doch will ich glauben, dass alle Menschen wirklich Menschen sind, und dass die Ordnung des Unrechts wirklich Unordnung ist."

„Ich glaube nicht, dass ich Unterdrückung bekämpfen kann, wenn ich irgendwo Unrecht bestehen lasse.
Doch will ich glauben, dass das Recht ungeteilt ist, hier und dort und dass ich nicht frei bin, solange noch irgendein Mensch Sklave ist."

„Ich glaube nicht, dass Liebe Selbstbetrug, Freundschaft unzuverlässig und alle Worte Lügen sind.
Doch will ich glauben an die Liebe, die erträgt, an die Offenheit und das Vertrauen zueinander und an ein Wort, das wirklich sagt, was es sagt."

Danksagung/Präfaktion:
Es ist in Wahrheit würdig und recht, Dir Gott unseren Vater von Herzen zu danken.
Wir danken Dir für die Luft, die wir atmen, für die Schönheit der Natur, für das ganze Werk Deiner Schöpfung.
Wir danken Dir auch, dass Du uns, Deine Erde anvertraut hast, um sie zu bebauen und bewohnbar zu machen für alle Menschen. Der Mensch ist die Krone Deiner Schöpfung und daher möchtest Du, dass in all unseren Bemühungen in Wirtschaft und Politik, der Mensch im Mittelpunkt stehen soll.
Wir danken Dir, dass Du ein Gott der Menschen bist und dass Du ein Gott der Kleinen und Zukurzgekommenen bist.
Wir danken Dir, dass Du uns verheißen hast, dass Du die Mächtigen vom Thron stößt und die Kleinen emporhebst.
Wir danken Dir, dass Du uns durch Jesus das Kommen Deines Reiches verheißen hast, das ein Reich der Gerechtigkeit und des Friedens mit der Natur und mit allen Menschen ist.
Wir danken Dir, dass wir in der Begegnung mit Dir immer wieder Kraft und neue Hoffnung schöpfen dürfen.
Wir danken Dir, dass Du unser liebender Vater bist und wir alle Deine Kinder sind. Wir preisen Dich und singen voll Freude.

Nach der **Kommunion** las Kathi,
Umkehr des Schöpfungsberichtes von Jörg Zink:
Diesen Text schrieb Jörg Zink 1970 ursprünglich für eine Anti-Atom-Demonstration in Stuttgart.

Am Anfang schuf Gott Himmel und Erde. Aber nach vielen Jahrmillionen war der Mensch endlich klug genug. Er sprach: Wer redet hier von Gott? Ich nehme meine Zukunft selbst in die Hand. Er nahm sie, und es begannen die letzten sieben Tage der Erde.

Am Morgen des ersten Tages *beschloss der Mensch, frei zu sein und gut, schön und glücklich. Nicht mehr Ebenbild eines Gottes, sondern ein Mensch. Und weil er etwas glauben musste, glaubte er an die Freiheit und an das Glück, an Zahlen und Mengen, an die Börse und den Fortschritt, an die Planung und seine Sicherheit. Denn zu seiner Sicherheit hatte er den Grund zu seinen Füßen gefüllt mit Raketen und Atomsprengköpfen.*

Am zweiten Tage *starben die Fische in den Industriegewässern, die Vögel am Pulver aus der chemischen Fabrik, das den Raupen bestimmt war, die Feldhasen an den Bleiwolken von der Straße, die Schoßhunde an der schönen roten Farbe der Wurst, die Heringe am Öl auf dem Meer und an dem Müll auf dem Grunde des Ozeans. Denn der Müll war aktiv.*

Am dritten Tage *verdorrte das Gras auf den Feldern und das Laub an den Bäumen, das Moos an den Felsen und die Blumen in den Gärten. Denn der Mensch machte das Wetter selbst und verteilte den Regen nach genauem Plan. Es war nur ein kleiner Fehler in dem Rechner, der den Regen verteilte. Als sie den Fehler fanden, lagen die Lastkähne auf dem trockenen Grund des schönen Rheins.*

Am vierten Tage *gingen drei von vier Milliarden Menschen zugrunde. Die einen an den Krankheiten, die der Mensch gezüchtet hatte, denn einer hatte vergessen, die Behälter zu schließen, die für den nächsten Krieg bereitstanden. Und ihre Medikamente halfen nichts. Die hatten zu lange schon wirken müssen in Hautcremes und Schweinelendchen. Die anderen starben am Hunger, weil etliche von ihnen den Schlüssel zu den Getreidesilos versteckt hatten. Und sie fluchten Gott, der ihnen doch das Glück schuldig war. Er war doch der liebe Gott!*

Am fünften Tage *drückten die letzten Menschen den roten Knopf, denn sie fühlten sich bedroht. Feuer hüllte den Erdball ein, die Berge brannten, die Meere verdampften, und die Betonskelette in den Städten standen schwarz und rauchten. Und die Engel im Himmel sahen, wie der blaue Planet rot wurde, dann schmutzig braun und schließlich aschgrau. Und sie unterbrachen ihren Gesang für zehn Minuten.*

Am sechsten Tage ging das Licht aus. *Staub und Asche verhüllten die Sonne, den Mond und die Sterne. Und die letzte Küchenschabe, die in einem Raketenbunker überlebt hatte, ging zugrunde an der übermäßigen Wärme, die ihr gar nicht gut bekam.*

Am siebten Tage war Ruhe. *Endlich. Die Erde war wüst und leer, und es war finster über den Rissen und Spalten, die in der trockenen Erdrinde aufgesprungen waren. Und der Geist des Menschen irrlichterte als Totengespenst über dem Chaos. Tief unten in der Hölle aber erzählte man sich die spannende Geschichte von dem Menschen, der seine Zukunft in die Hand nahm, und das Gelächter dröhnte hinauf bis zu den Chören der Engel.*

Friedensgruß:
Seit meinem Geburtstag im Februar habe ich Friedensbänder geknüpft. Die wurden von meinen Töchtern und eine ihrer Freundinnen an die Gäste verteilt. Beim Friedensgruß haben wir uns gegenseitig die Bänder an die Hand gebunden.

Schlussgebet:
Herr, das Gebot der Liebe verpflichtet uns auch Sorge und Verantwortung zu tragen für die künftigen
Generationen.
Hilf Du uns, dass wir unsere Trägheit überwinden und wir nicht nur Zuschauer am Weltgeschehen sind, sondern mit unseren bescheidenen Möglichkeiten mitarbeiten an einer Veränderung unserer Welt, damit alle Menschen heute und in Zukunft wirklich leben können.
Auch wenn die Wirklichkeit oft trostlos erscheint, so laß` uns trotzdem nicht resignieren, sondern aus der Begegnung mit Dir immer neue Kraft und Hoffnung schöpfen.
Das bitten wir durch Christus unsern Herrn.

Agape:
Anschließend an den Gottesdienst hatte ich alle in den Pfarrhof zur Agape eingeladen. Zu essen und trinken habe ich sehr viel eingekauft, da ich nicht wusste, wie viele Personen kommen werden und weil ich wie Jesus es gemacht hat - Gäste von der Straße holen wollte. Daher haben wir reichlich zu „Juka", eine Organisation die Jugendliche von der Straße beherbergte,

gebracht. Es war eine Freude zu sehen, wie sehr sich die Jugendlichen darüber freuten.

Noch ein wunderbares Erlebnis hatte ich bei der Agape:

Als ich von der Kirche in den Pfarrsaal kam, begrüßte ich die einzelnen Personen. Als ich zum Tisch kam, an dem die ehrenamtlichen Sterbebegleiter der ARGE Haus des Friedens saßen, fiel mir Lucia weinend um den Hals. „Warum weinst du?" fragte ich Lucia. „Ich weiß es nicht, ich bin zur Kirche gekommen, habe dich gesehen und angefangen zu weinen und kann nicht mehr aufhören", antwortete sie mir. Ich musste herzlich lachen und erklärte ihr, dass ich es schon wüsste. Sie weinte nämlich meine Tränen! Deshalb konnte ich die Feier, ohne zu weinen, genießen.

Japan weicht nicht ab
5/11

Vergangenen Freitag war: Freitag der 13.! Für mich ist das normalerweise ein Tag wie jeder andere. Bemerkenswert war, dass ich an diesem Tag einige Einsichten oder/und Wahrnehmungen hatte.

Zum Beispiel:
Ich habe gehört, dass Japan nicht von Atomkraftwerken abweichen will und war darüber entsetzt. Ich fragte mich: wie können Menschen so wenig aus Erfahrungen lernen? Dass wir aus den wahrscheinlichen Erfahrungen der Maya nicht lernen konnten, ist eine Sache. Eine andere ist es, wenn wir die Katastrophe „hautnah" erleben, nicht zu lernen, dass wir auf dem falschen Weg sind und wenn wir so weiter machen die Menschen auf der ganzen Welt in Gefahr bringen.

Es ist Verantwortungslosigkeit und menschen-unwürdig, ja, sogar menschenverachtend. Die Machthaber, die solche Entscheidungen treffen, sind nicht fähig zu regieren. Wir dürfen uns von ihnen nicht die Zukunft unserer Kinder ruinieren lassen.

Jeder von uns muss dagegen arbeiten. Die einen mit Aufrufen, die anderen mit Demonstrationen und andere mit Beten oder was uns an friedlichen Taten noch einfällt. Kann auch sein, dass jemand alles das machen kann.

Beten hat eine enorme Kraft - wenn es aus dem Herzen kommt. Gebete können Waffen zum Stillstand bringen und Herzen zur Liebe führen. „Schwerter zu Pflugscharen schmieden", steht schon in der Bibel.

Beten kann auch Menschen, die Unrecht tun oder handeln, zur Vernunft bringen.

Die 7 Kosmischen Strahlen
Gott sei Dank gibt es nicht nur die zerstörerischen Strahlen wie radioaktive.

DIE SIEBEN BAUMEISTER DER SCHÖPFUNG, DIE SIEBEN STRAHLEN
Eine Analyse der Strahlen und dessen, was sie zum Ausdruck bringen.
Es existiert eine immense Fülle interessanter Einzelheiten über die Tätigkeit und Wirkung der Strahlen in den niederen Naturreichen, doch darüber dürfen keine näheren Angaben gemacht werden, die folgende Mitteilungen sind eine Zusammenfassung dessen, was uns anheimgegeben wurde, sie sind notgedrungen unvollständig und erlauben Erweiterungen ohne Ende.

1. STRAHL DES WILLENS ODER DER MACHT
Besondere Tugenden:
Stärke, Mut, Beständigkeit, Wahrhaftigkeit - aus absoluter Furchtlosigkeit entspringend.
Macht zum Regieren, die Fähigkeit, wichtige Fragen in großzügiger Denkweise zu erfassen, Menschen zu behandeln und Verfügungen zu treffen.
Untugenden des Strahls:
Stolz (Dünkel), Ehrgeiz, Eigensinn, Härte, Arroganz, die Neigung, andere zu beherrschen, Halsstarrigkeit, Zorn.
Tugenden, die erworben werden müssen:
Zarte Gefühle, Demut, Mitgefühl, Toleranz, Geduld.

2. STRAHL DER LIEBE -WEISHEIT
Besondere Tugenden:
Ruhig und friedlich, kraftvoll, geduldig und ausdauernd, wahrheitsliebend, treu und zuverlässig, mit Intuition, klarem Verstand und heiterem Temperament ausgestattet
Untugenden des Strahls:
Vertieft sich zu sehr in Studien, Gefühlskälte, Gleichgültigkeit gegen andere, blickt verächtlich auf geistige Begrenzungen anderer.
Tugenden, die erworben werden müssen:
Liebe, Mitleid, Selbstlosigkeit, Energie

3. STRAHL DER HÖHEREN DENKKRAFT

Besondere Tugenden:
Großzügige Ansichten über alle abstrakten Fragen, Aufrichtigkeit in seinen Absichten, klarer Verstand, die Fähigkeit, sich in philosophische Themen zu vertiefen, Geduld, Vorsicht, das Fehlen jeglicher Tendenz, sich selbst oder andere über Nichtigkeiten aufzuregen.

Untugenden des Strahls:
Verstandesdünkel, Kälte, Isolierung, Ungenauigkeit in Einzelheiten, Zerstreutheit, Halsstarrigkeit (Dickköpfigkeit), Selbstsucht, zu viel Kritik an anderen.

Tugenden die erworben werden müssen:
Mitgefühl, Toleranz, Hingabe, Genauigkeit, Energie und gesunder Menschenverstand.

4. STRAHL DER HARMONIE DURCH KONFLICKT

Besondere Tugenden:
Starke Gemütsbewegung, Mitgefühl, physischer Mut, Freigebigkeit, Hingabe, schnelles Verstehen und Auffassen.

Untugenden des Strahls:
Egozentrisch, von Sorgen und Ärger geplagt, ungenau, moralisch nicht fest, voller Leidenschaften, arbeitsscheu und schlapp, extravagant (überspannt)

Tugenden, die erworben werden müssen:
Gemütsheiterkeit, Vertrauen, Selbstbeherrschung, ein geläutertes Leben, Selbstlosigkeit, mentales und moralisches Gleichgewicht.

5. TRAHL DER NIEDERWN VERSTANDESKRÄFTE

Besondere Tugenden:
Genaue, zutreffende Angaben, Gerechtigkeitsgefühl (ohne Gnade), Ausdauer, gesunder Menschenverstand, Aufrichtigkeit (Rechtschaffenheit), Unabhängigkeit, scharfer Intellekt.

Untugenden des Strahls:
Unerbittliche Kritik, Engherzigkeit, Anmaßung, unversöhnliches Naturell, kein Mitgefühl und keine Ehrfurcht, Vorurteile.

Tugenden, die erworben werden müssen:
Gefühl für Verehrung, Hingabe, Mitempfinden, Liebe, Weitherzigkeit.

6. STRAHL DER DEVOTION

Besondere Tugenden:
Hingabe, Aufrichtigkeit, Liebe, Zärtlichkeit, Intuition, Treue, Verehrung.

Untugenden des Strahls:
Selbstische und eifersüchtige Liebe, stützt sich zu sehr auf andere, ist parteiisch, täuscht sich selbst, hat Vorliebe für Sektenwesen, ist abergläubisch, hat Vorurteile, macht übereilte Beschlüsse und gerät in heftigen Zorn.

Tugenden, die erworben werden müssen:
Charakterstärke, Opferbereitschaft, Reinheit, Wahrheit, Duldsamkeit, Heiterkeit, inneres Gleichgewicht und gesunder Menschenverstand.

7. STRAHL DER ZEREMONIELLEN ORDNUNG ODER MAGIE

Besondere Tugenden:
Kraftvolle Stärke, Ausdauer, Mut, Gefälligkeit (Höflichkeit), größtes Interesse für Einzelheiten, Selbstvertrauen.

Untugenden des Strahls:
Förmlichkeit, Blindäugigkeit, Stolz (Standesdünkel), Engherzigkeit, oberflächliches Urteil, eine hohe Meinung von sich selbst.

Tugenden, die erworben werden müssen:
Erkennen der Einheit, Großzügigkeit, Toleranz, Demut, Güte und Liebe.

Nicht jeder hat einen Freund gehabt

Viele Erwachsene haben das Buch von Antoine de Saint-Exupery „Der kleine Prinz" gelesen. Bisher hat mir aber noch niemand auf meine Frage: "Was wird in dem Buch beschrieben?" mit „Ein sehr liebevolles Verabschieden." geantwortet. Ich zeige Trauernden sehr oft Stellen aus diesem Buch und es wird dankend als Trost angenommen. Antoine de Saint-Exupery schreibt zum Beispiel auch:

„Denn ich möchte nicht, dass man mein Buch leichtnimmt. Ich empfinde so viel Kummer beim Erzählen dieser Erinnerungen. Es ist nun sechs Jahre her, dass mein Freund mit seinem Schaf davongegangen ist. Wenn ich hier versuche, ihn zu beschreiben, so tue ich das, um ihn nicht zu vergessen. Es ist traurig einen Freund zu vergessen. Nicht jeder hat einen Freund gehabt."

Meine Meinung ist: „Tot ist nur, wer vergessen ist." Aber nicht nur das Sterben ist Abschied.

Sehr oft denke ich zur Adventzeit an den kleinen Prinzen, denn Advent heißt Ankunft. Wer aber ankommen will, muss sich vorher von etwas oder jemanden „verabschieden", um neu anfangen zu können.

2012 nahmen wir von einer Epoche Abschied. Der Maya-Kalender war bei der Wintersonnenwende, den 21.12.2012 zu Ende. Nachdem mir oft Menschen erklärten sie hätten Angst davor, es könnte den Weltuntergang bedeuten, habe ich dazu gesagt: „Das heißt aber nicht, dass es das Ende der Welt ist." Die Welt besteht immer noch. Die Sterne standen zu diesem Zeitpunkt in einer Konstellation, die nur alle -zigtausend Jahre vorkommt. Vielleicht war das für die Maya der Anlass, damit den Kalender zu beenden. Weiter machen können sie nicht mehr. Ob der Grund dafür, wie in Tschernobyl oder Fukushima war?

Der Fuchs sagt zum kleinen Prinzen:
„Man sieht nur mit dem Herzen gut. Das Wesentliche ist für die Augen unsichtbar."
Das heißt, wir sehen mit dem Herzen, wie wir mit allem das lebt, ja, mit der ganzen Natur umgehen sollen.

Ich wünsche Ihnen ein friedliches und harmonisches Leben, dass Sie mit diesem Vorsatz in die Zukunft gehen und ich wünsche Ihnen aber auch, dass Sie in Zukunft nicht nur bei Abschieden so denken und alles Neue mit diesen zwei Sätzen beginnen:
„Man sieht nur mit dem Herzen gut.
Das Wesentliche ist für die Augen unsichtbar."

SPIRITUALITÄT
Wertschätzung aller Religionen
Zu den 5 Weltreligionen zählen Judentum, Christentum, Islam, Buddhismus und Hinduismus.

Die Kontakte mit Persönlichkeiten der Weltreligionen und verschiedener christlichen Konfessionen haben mein Leben sehr bereichert.

Jede Religion lehrt Frieden
Ich habe mich zwar als ich 21 Jahre alt war, intensiv mit den Weltreligionen und verschiedener Konfessionen der Christen auseinandergesetzt, aber dabei das Ziel auf Gott gerichtet.

Da jede Religion Frieden lehrt, besuchte ich vor etwa fünfundzwanzig Jahren den Lehrgang für Weltreligionen im Bildungszentrum Waldegg. Ich wollte mich kundig machen wie jede Religion im Speziellen mit Frieden umgeht. Der beeindruckendste Umgang ist wohl im Buddhismus, weil der Friede so weit geht, dass man auch Tieren kein unnötiges Leid zufügen darf. Man darf Tiere nicht essen. Da fällt automatisch das weg, was für mich nicht gottgewollt ist - die Züchtung im, für die Tiere nicht artgerechtem Lebensraum. Für mich geht aus dem Neuen Testament nicht eindeutig hervor, ob Jesus fleischlos gelebt hat. Fische sind Lebewesen und die hat er z.B. gegessen.

Die friedvollste Weise und nach Gottes Willen zu leben, zeigt uns Jesus. Er nimmt Schmerz und Schmach hin, um dem göttlichen Willen zu gehorchen, ohne zu klagen. Wohl bittet er Gott, dass dieser, wenn es möglich ist, den Kelch an ihm vorüber gehen lasse, aber er nimmt Gottes Willen demütig an. Daher ist Jesus für mich der beste Botschafter für Frieden.

Was mir in der röm. kath. Kirche besonders gefällt ist die Spiritualität.

Obwohl für mich Maria nicht die Mutter Gottes ist, berühren mich Gebete und Lieder über Maria zutiefst. Lange Zeit habe ich darüber nachgedacht, weshalb das so ist. Bei der Meditation wurde es mir eines Tages bewusst. Maria ist meiner Meinung nach durch den Zeugungsakt nicht Jungfrau geblieben. Das ist wahrscheinlich ein Missverständnis mit Jungfrau - junge

Frau. Sie war in meinen Augen auch keine bessere Mutter als andere Mütter. Doch was besonders an ihr war, ist, dass sie Ja zu Gottes Willen gesagt hat. Dieses Ja ist Zeugnis nicht nur für die Gottgläubigkeit Marias, sondern ein starkes Zeichen von Frieden. Durch den gelebten Frieden wird kein Mensch getötet und ungeborene Kinder sind von Gott gewollte Menschen. Wie sehr von Gott gewollt können wir durch die Lehren Jesus erfahren. Ohne JA von Maria gäbe es kein Neues Testament. Maria verkörpert als Frau das weibliche in Gott. Für mich ist Gott keine Person, sondern Energie. Pure Liebesenergie. Liebe in reinster Form, von uns Menschen unerreichbar. Daher ist diese Energie, die ich Gott nenne, nicht nur männlich, sondern auch weiblich. Deswegen meine Emotionen bei Gebeten und Liedern in denen Maria gepriesen wird, aber der weibliche Anteil Gottes gemeint ist.

Der Gottesdienst ist eine Form der Spiritualität. Er würde mir fehlen, wenn es stattdessen nur Versammlungen gäbe, obwohl ich mir Gespräche über Gotteserfahrungen und -Begegnungen wünsche. Ich hätte gerne, dass nicht nur Priester predigen, sondern auch andere Menschen „aussagen" oder „Zeugnis geben" dürften.

Das Verhalten der Kirche wurde mir immer mehr zu einem Anliegen. Vieles was hier angeordnet und als Macht ausgeübt wird, ist nach meinen Wahrnehmungen gegen Gottes Willen. Es verhindert teilweise sogar den Frieden.

Judentum
Jüdisches altern
6/00

„Jüdisches altern", diesen Artikel von Werner Wanschura hatte ich kopiert und als Nachwort schrieb ich: Seit meinem 18. Lebensjahr bin ich als Christin bewusst im Judentum verwurzelt. Ich habe damals einige Juden kennen und schätzen, ja sogar lieben gelernt. Inzwischen sind sie fast alle verstorben. Einige habe ich durch die Lebensumstände aus den Augen verloren. Viel erlebtes Leid wurde mir von jüdischen Frauen erzählt. Ich war oft fassungslos. Der Vater des Oberrabbiners Dr. Paul Chaime Eisenberg, wurde mir zu einem väterlichen Freund und Lehrmeister des Judentums. Weil es in Wien noch kein jüdisches Museum gab, fuhr ich nach Prag, um es dort zu besichtigen, sowie das Grab des berühmten Rabbi Löw. Wo ich das erste Mal ein Grab überhäuft von mitgebrachten Steinen sehen konnte. Es ist ein jüdischer Brauch, so wie wir Blumen aufs Grab legen, legen Juden Steine auf das Grab. Ich nehme an, das hat etwas mit der Wüste zu tun. An der Menge der Steine, kann man den Beliebtheitsgrad des Toten ersehen.

Durch die Einladung in jüdische Familien habe ich auch jüdische Tradition miterlebt, z.B. die Frage, die vom Jüngsten der Familie gestellt wird: „Vater, was ist in dieser Nacht anders als in den Nächten davor?" Der Vater liest dann aus „Exodus" vor.

Dass ich gemeinsam mit Gertrud Paukner die Wiederholung der jüdischen Kulturwochen erwirken konnte, machte mich sehr froh.

Jedes Mal beim Mitfeiern des Gottesdienstes in der Synagoge oder in Mauthausen beim Feldgottesdienst, wird mir das liebenswerte Verhalten „unserer älteren Geschwister" bewusst gemacht. Als ich vor Jahren mit Mag. Helmut Schüller und Dr. Zilk beim Versöhnungsfest anwesend war, musste ich alle meine Kräfte einsetzen, um mich nicht in Tränen aufzulösen. Am Abend des „Jom Kippur" (Versöhnungstag) wurde „Versöhnung" ausgesprochen, indem jeder laut aussprach, was er zu verzeihen hat.

Es war niemand unter den anwesenden Juden, obwohl der Stadttempel voll Menschen war, der nicht Familienangehörige durch den Holocaust verloren hätte. Ja sogar ganze Familien wurden ausgerottet. Schrecklich, dass wir Menschen uns Menschen so viel Leid zufügen können. Ich bin immer wieder betroffen und als ich noch nicht richtig umgehen konnte damit, litt ich dadurch wochenlang an Depressionen. Bei Ausstellungen, die ich mir früher noch ansah, waren es „die traurigen Augen der Juden" die mich nächtelang verfolgten. Da ich auch persönlichen Kontakt mit Juden pflegte, war es noch schlimmer als hätte ich niemand gekannt der Jüdin oder Jude war.

Als meine ältere Tochter ca. drei Jahre alt war, war ich im Konzentrationslager Mauthausen. Das KZ war damals noch nicht zur Besichtigung geöffnet, daher war für mich sehr viel von der Energie des Krieges an diesem Ort spürbar.

Ich wollte nachempfinden, wie es den jüdischen Frauen mit ihren Kindern vor der Vergasung ergangen ist. Daher nahm ich meine Tochter an der Hand und ging mit dem Gefühl, ich wäre eine Jüdin, durch die Baracken zum Bad, in dem statt Wasser aus den Duschen Gas kam und die Menschen tötete.

Wieder zu Hause in Wien angelangt, hatte ich einige Wochen lang starke Depressionen. Da ich seit meiner frühesten Kindheit oft unter Depressionen gelitten habe, konnte ich aber schon ganz gut damit umgehen. Nun aber kam ich aus den Depressionen nicht heraus. Als ich darüber nachdachte, was die Ursache sein könnte, fiel mir das KZ ein. Nun erst konnte ich die Depressionen verstehen.

Sterne für jüdische Kinder

1998 war ich mit einer Reisegruppe unserer Pfarre in Jerusalem. Bevor wir zur Holocaust - Gedenkstätte kamen, sagte ich zu einer Freundin, dass ich mir die Ausstellung nicht ansehen werde, weil mich diese traurig und depressiv macht. Als wir jedoch in einen dunklen Raum mit unzähligen Lichtern die wie Sterne leuchteten - jeder Stern für ein ermordetes jüdisches Kind - kamen, fühlte ich mich mitten unter ihnen. Hier unter dem Sternenhimmel, an dem jeder Stern die Seele eines ermordeten Kindes darstellte, habe ich die Zeit vergessen. Es war, als wäre ich „ihresgleichen", als wäre ich schon tot. Das Gefühl der Demut kann ich nicht beschreiben. Jedoch der Gedanke, dass diesen Menschen so viel Qual und Leid bis zu ihrem Tod zugefügt wurde, machte mich unsagbar traurig. Aber diese Trauer wurde von Liebe überdeckt. Ich habe mich im Herzen für die Gewalttaten des Volkes, dem ich angehöre, entschuldigt.

Wahrscheinlich muss ich nicht anführen, was mich am Gebet auf der nächsten Seite fasziniert. Es bittet ein Jude nicht um Rache oder Verfolgung des Feindes. Er bittet Gott um Verzeihung für diese Menschen, die so viel Leid über ihn und abertausende Schwestern und Brüder gebracht haben. Er bittet, Gott möge ihnen das Leid, den Mut und die Demut der Gepeinigten als Sühne anrechnen, damit auch sie den ewigen Frieden haben können.

Was mich und wahrscheinlich auch den Schreiber des Gebetes betrübt, ist das jetzige Verhalten der Juden anderen Völkern gegenüber. Als ich 1998 in Israel war, haben wir mit Juden gesprochen und uns von Ihnen Vorträge angehört. Dabei ist mir unangenehm aufgefallen, wie Gewaltbereit sie waren. Kein Vergleich mit dem Beter.

Gebet eines Juden aus dem Warschauer Ghetto

Friede den Menschen, die bösen Willens sind,
auf das jedwede Rache
wie auch jeder Aufruf zu Strafe ein Ende habe.
Die Übeltaten übersteigen jedes Maß,
sie sind jenseits menschlichen Verstehens.

Daher, Herr, wäge unsere Leiden nicht auf der Waage
Deiner Gerechtigkeit
und rechne diese Leiden nicht den Henkern an,
damit sie nicht zu schrecklicher Rechenschaft genötigt seien.

Vergelte auf andere Weise, nein, schreibe den Henkern,
den Denunzianten und Verrätern,
ja, allen schlechten Menschen die ganze Tapferkeit,
die ganze Seelenstärke der anderen gut.
Ihre Demut, ihre höhere Würde,
ihr ununterbrochenes geheimes Leiden,
ihre unumstößliche Hoffnung.
Ihr Lächeln das die Tränen trocknet.
Ihre zerplagten und zerquälten Herzen,
die stark geblieben sind und
des Vertrauens voll im Angesicht des Todes und
sogar im Tod selbst.
Ja - auch in Stunden der Schwäche.

All dies, oh Herr, laß` gelten als Vergebung der Sünden,
als Loskauf, um des Sieges der Wahrheit willen,
und so magst du das Gute, nicht das Üble buchen.

Wenn alles ein Ende haben wird,
möge es uns gewogen sein,
als Mensch unter Menschen zu leben,
und es kehre wieder Friede ein
auf unserer armen Erde-
für alle Menschen guten Willens
und auch für alle Anderen!!!

Buddhismus

Den buddhistischen Friedensmönch Masunaga, bin ich sehr oft bei Friedensauftritten begegnet. Er klopfte auch mit einem Mitbruder bei meiner Danksagung 1995 ein Gebet.

Hinduismus

Bei den Hinduisten durfte ich außer bei Friedensgesprächen beim Lichterfest teilnehmen.

Islam

Ich hatte einige Jahre mit Buchhaltungen von Menschen verschiedener Religionen und Konfessionen zu tun. So arbeitete ich auch für eine Moschee und andere gewerbetreibende Moslems. Es war mit jedem einzelnen ein wunderbares Arbeiten. Der Vertreter der Moschee musste einmal eine schriftliche Arbeit nachholen. Da es unseriös gewesen wäre, wenn ich diese Arbeit für ihn übernommen hätte, bot ich ihm an, in meinem Büro diese Arbeit zu verrichten, da konnte ich ihm jederzeit Fragen beantworten, wenn er nicht weiterwusste. Er hatte einige Stunden zu tun. Ich arbeitete im angrenzenden Raum und sah aus meinem Blickwinkel nach einiger Zeit, dass er unruhig wurde. Ich hatte das Gefühl, dass er weggehen wollte, er tat es aber nicht. Kurz darauf kam er zu mir und fragte: „Frau Jedlicka, darf ich bei ihnen beten?" Ich war erfreut über das Vertrauen, welches er mir mit dieser Frage entgegenbrachte und antwortete ihm strahlend: „Selbstverständlich! Sollen die anderen aus dem Raum zu mir herüberkommen und die Tür schließen?" Das wollte er nicht. Er hat sich im Waschbecken gewaschen wie es bei den Moslems vor den Gebeten, die sie fünf Mal am Tag verrichten Vorschrift ist. Dann hat er seinen Anorak statt eines Gebetsteppichs auf den Boden gelegt, sich darauf gekniet und sein Gebet verrichtet. Noch heute geht mir das Herz auf, wenn ich an diese Situation denke.

Ein moslemischer Vater brachte einmal seinen etwa fünfjährigen Sohn mit. Als dieser sich im Raum, in dem wir die Besprechung hatten, umsah, zeigte er auf das Kreuz mit dem gekreuzigten Jesus das ich in diesem Raum an der Wand hängen hatte und verkündete uns: „Das ist ein böser Mann." Wahrscheinlich bin ich durch diese Aussage erschrocken. Der Klient beschwichtigte seinen Sohn und erklärte mir: „Mein Sohn meint, nur böse Menschen werden ans Kreuz genagelt, aber auch in unserer

Religion ist Jesus ja ein Prophet und kein böser Mensch." Oft hatte ich mit diesem Klienten oder dem von der Moschee, Gespräche über den Islam. Ich habe den Koran gelesen und meinte einmal, dass es da schon „hart hergeht". Als Antwort bekam ich: "Im Alten Testament geht es doch auch so zu." Ich hatte damals zweieinhalb Jahre Bibelstudium hinter mir und musste daher seine Antwort bejahen. Er hatte vollkommen recht.

Ich hatte viele schöne Erlebnisse mit Moslems, ein besonderes hatte ich in Jordanien in der Wüste. Dieses Erlebnis hier zu beschreiben, würde allerdings den Rahmen sprengen.

Traum bedingungsloser Liebe

Eines Nachts hatte ich einen Traum, in dem es um die bedingungslose Liebe ging. Als ich wach wurde, rannen mir die Tränen über das Gesicht. Bevor ich einschlief, dachte ich, was ich wohl dieses Jahr zu Weihnachten zu sagen habe, nun wusste ich es.

Für mich war bis zu diesem Traum Weihnachten das Fest des Friedens. Der Traum hat mich darauf aufmerksam gemacht, dass Weihnachten, das Fest und die Mahnung zur bedingungslosen Liebe ist. Warum?

Ein neugeborenes Kind ist bedingungslos auf die Liebe der Mutter oder anderer Menschen angewiesen.

Vor ca. 2.000 Jahren lebte eine junge un-verheiratete Frau (Jung-Frau), die aus bedingungs-loser Liebe, JA zum Willen Gottes sagte.

Ich bin überzeugt, dass es zur damaligen Zeit schwer war, ein uneheliches Kind zur Welt zu bringen. Genauso bin ich davon überzeugt, dass es auch damals die Möglichkeit einer heimlichen Abtreibung gab.

Aber diese bewusste junge Frau bekam den Auftrag Gottes, Jesus zu gebären.

Gott brauchte Jesus als Werkzeug zur Erlösung vieler Menschen, die ohne seine Lehren Gott nicht finden würden - ist nicht der richtige Ausdruck, weil wir Gott ja nicht finden müssen, er ist doch immer und überall da. „Wahrnehmen" ist für mich der richtige Ausdruck.

Obwohl es für eine Frau knapp vor der Niederkunft nicht leicht war, kam sie mit Josef mit zur Volkszählung. Ausgerechnet zu dieser Zeit meldete das Kind seinen Anspruch zum Leben.

Bedingungslos, ohne jeden Komfort kam es zur Welt.

Als Josef träumte, dass er sofort mit Maria und dem Kind flüchten sollte, war es auch die bedingungslose Liebe und das volle Vertrauen zu Gott, das doch ein Zeichen der Liebe ist, die ihn sofort danach handeln ließ. Er setzte Maria und das Jesuskind auf einen Esel und verschwand aus der Gegend. Im richtigen Moment, wie wir aus der Bibel wissen.

Ich glaube diese Weihnachtswunder geschehen immer wieder und die bedingungslose Liebe wird noch immer von vielen Menschen praktiziert.

10 Grundsätze der Gelassenheit von Papst Johannes XXIII.

1. *Nur für heute werde ich mich bemühen, den Tag zu erleben, ohne das Problem meines Lebens auf einmal lösen zu wollen.*

2. *Nur für heute werde ich die größte Sorge für mein Auftreten pflegen: Vornehm in meinem Verhalten; ich werde niemanden kritisieren; ja, ich werde nicht danach streben, die anderen zu korrigieren oder zu verbessern – nur mich selbst.*

3. *Nur für heute werde ich in der Gewissheit glücklich sein, dass ich für das Glück geschaffen bin, nicht nur für die andere, sondern auch für diese Welt.*

4. *Nur für heute werde ich mich an die Umstände anpassen, ohne zu verlangen, dass die Umstände sich an meine Wünsche anpassen.*

5. *Nur für heute werde ich zehn Minuten meiner Zeit einer guten Lektüre widmen; wie die Nahrung für das Leben des Leibes notwendig ist, so ist die gute Lektüre notwendig für das Leben der Seele.*

6. *Nur für heute werde ich eine gute Tat vollbringen, und ich werde es niemand erzählen.*

7. *Nur für heute werde ich etwas tun, das zu tun ich keine Lust habe. Sollte ich mich in meinen Gedanken beleidigt fühlen, werde ich dafür sorgen, dass es niemand merkt.*

8. *Nur für heute werde ich ein genaues Programm aufstellen. Vielleicht halte ich mich nicht genau daran, aber ich werde es aufsetzen. Und ich werde mich vor zwei Übeln hüten: Vor der Hetze und vor der Unentschlossenheit.*

9. *Nur für heute werde ich fest glauben – selbst, wenn die Umstände das Gegenteil zeigen sollten –, dass die gütige Vorsehung Gottes sich um mich kümmert, als gäbe es sonst niemand in der Welt.*

10. *Nur für heute werde ich keine Angst haben. Ganz besonders werde ich keine Angst haben, mich an allem zu freuen, was schön ist und an die Güte glauben.*

Ich hole euch aus den Gräbern mein Volk

Nach der Geburtstagsfeier zum 30. Geburtstag meiner älteren Tochter rief mich meine Schwester an, um mir zu sagen, dass sie jetzt verstehe, was ich meinte als ich einige Monate vorher zu ihr sagte: „Ich bin der Liebe begegnet, ich bin Gott begegnet." Warum?

„Ich hole Euch aus den Gräbern mein Volk", war der Leitsatz vom Pfarrgemeindebasistreffen des deutschsprachigen Raumes (auch Deutsch sprechende Menschen aus anderen europäischen Ländern) in Schwechat, das am Abend des Fronleichnamstages begann. Ich fuhr erst am nächsten Tag hin, weil ich vom Fronleichnamsgeschehen unserer Pfarre müde war.

Als ich am Freitag in Schwechat eintraf, wurde ich von einigen Leuten, die ich kannte, begrüßt. Wir waren ca. 190 Personen aus ganz Europa. Dabei fiel mir immer wieder ein Mann auf. Ich dachte nach, ob ich ihn schon von irgendwoher kenne, oder ob er jemandem ähnlichsehe, wie z.B. aus dem Fernsehen, was nicht der Fall war. Er zog mich auch nicht als Mann an, sondern als Mensch, und er, er sah mich überhaupt nicht. Als ich am Nachmittag nachhause fahren wollte, weil ich mich fehl am Platz fühlte (zu der Zeit hatte ich keine Probleme mit bzw. in unserer Pfarre), stand er mit einem anderen Mann beim Ausgang. Ich war schon draußen, da merkte ich erst, dass er ein Namensschild trug.

Neugierig wer er sei, ging ich noch einmal zurück und las auf seinem Schild: „KARL Girsch"

Mein Mädchenname ist Girsch. Noch einmal drehte ich mich um, weil ich schon wieder einige Meter entfernt war, ging noch einmal zurück, entschuldigte mich für die Unterbrechung des Gespräches der beiden und fragte diesen Mann: „Sind sie vielleicht aus Großkrut?" „Ja" war seine etwas barsche Antwort und seine folgende Frage: „Warum?" (Schroff bzw. barsch klang die Antwort für mich, da er, wie er mir später erzählte, schwerhörig ist.) „Mein Vater ist auch aus Großkrut, heißt Ludwig Girsch und hatte einen Kaufmannsladen in Blumenthal", erklärte ich. „Na, der Ludwig Onkel" meinte er mit einer Gelassenheit. Nun stand ich da und wusste nicht wie mir geschah. Laut überlegte ich: „Sie - sagen - zu - meinem - Vater - Ludwig Onkel." „Ja", meinte er wieder. Noch einmal blickte ich auf sein Namensschild. „KARL Girsch". Plötzlich gingen mir tausend Lichter auf, denn es gab jemanden in der Verwandtschaft, den ich nicht kannte.

ICH: „O Gott sie sind der Girsch Karl? Der Karli?"
ER: „Ja!"
ICH: „Dann bist du ja mein Cousin!"
ER: „Ja"

Mein Cousin, den ich noch nie in meinem Leben gesehen hatte! Und dessen Vater im Krieg gefallen war, dadurch hatte ich auch diesen nie gesehen. Die Verbindung zwischen der Mutter von Karl und dem Rest der Familie war nach dem Krieg abgebrochen. Die Gründe dafür möchte ich hier nicht ansprechen. Aber deshalb konnte ich auch meinen Cousin nicht kennen.

Umso größer war die Freude für mich, dass ich wieder einmal meine Wahrnehmung ernst genommen habe. Dass ich als Friedensaktivistin dieses Erlebnis haben durfte und dass ich dadurch die Familie zusammenführen konnte.

Soviel ich Karl auch betrachte, für mich hat er mit niemandem aus der Verwandtschaft eine Ähnlichkeit. Es war also nicht sein Aussehen, das mich angesprochen hat.

Ich blieb damals selbstverständlich beim Arbeitskreis, ich musste dieses Erlebnis erzählen. Ich war tief beeindruckt. „Gott ist die Liebe - die Liebe ist Gott" schrieb ich im Arbeitskreis auf ein Poster. Für mich war ein Wunder geschehen. Am Abend haben Karl und ich stundenlang miteinander geplaudert, auch seine Frau, die dazu kam, war gerührt. Meinen Töchtern habe ich, gleich als ich nach Hause kam, davon erzählt. Aber um es meinem Vater, der ja der Bruder des Vaters von Karl war und meinen Geschwistern zu erzählen, musste ich einige Tage warten, bis meine Seele wieder ruhig wurde und still.

Als ich dann meine Schwester anrief, begrüßte ich sie mit den Worten: „Traude, ich bin der Liebe begegnet. Ich bin Gott begegnet."

Nach meinem Erzählen meinte sie, ich sei weder der Liebe noch Gott begegnet, sondern unserem Cousin.

Nach der Geburtstagsfeier aber, bei der unser Cousin mit seiner Frau und seiner Mutter - unserer Tante und Schwägerin meiner Eltern dabei waren, konnte sie mich verstehen.

Sie wollte herausfinden wer die Schuldigen waren, dass es damals zu einer familiären Trennung gekommen ist.

Ich bin der Meinung - es war der Krieg - aber jetzt zählt für mich das Gottesgeschenk, dass ich meinen Cousin durch die Wahrnehmung erkannte bzw. gefunden habe.

Gibt es Gott wirklich?
2013

Bei einem Gespräch vor einigen Tagen tauchte wieder einmal die Frage auf: „Warum lässt Gott Leid geschehen", sowie eine weitere: „Gibt es Gott überhaupt bzw. wirklich?"

Nun, für mich ist Gott nicht zu übersehen durch jede Blume, jeden Baum, jeden Grashalm. Durch den Wind, den Regen und den Sonnenschein. Die wundervollen Berge, die sanften Hügel. Die Jahreszeiten, Tag und Nacht. Die Geburt, von Menschen und Tieren, usw. usf.

Vielen Menschen geht Gott verloren, weil seine Verlässlichkeit alles zum Selbstverständnis werden lässt. Erst durch tiefes Leid, wie Krankheit, Krieg oder Naturkatastrophen dringt die Schönheit und Allmacht Gottes wieder ins Bewusstsein.

Wenn ich mit kranken oder sterbenden Menschen spreche, merke ich immer wieder, wie bewusst ihnen Gott durch das Leid geworden ist. So bewusst, dass sie ihm ihren Tod anvertrauen und dabei nicht unglücklich sind.

Wo ist Gott bei Katastrophen?

Gott weiß nicht, warum - war eine Überschrift in den Salzburger Nachrichten nach der Katastrophe von Kaprun. Ich bin da anderer Meinung - ich habe andere Gotteserfahrungen gemacht.

Zum Ersten sprach meine Tochter mit mir darüber und meinte: „Die Menschen vergessen immer wieder, dass das Leben nicht alles ist." Diese Antwort war großartig für mich.

Zum Zweiten bin ich der Meinung, dass Gott sehr wohl weiß, warum. Er hat dieses Unglück weder programmiert noch gewollt. Wir Menschen waren es, die wir unzulänglich und fehlerhaft sind. Wenn wir uns auf die Technik einlassen, müssen wir wissen, dass es das Werk von Menschen ist und Fehler passieren können. Gott hat uns doch unseren freien Willen gelassen. Jeder hatte sich zum Fahren mit der Gondel entschieden.

Ich habe dieses Unglück zwei Tage vorher gefühlt, doch in dem Augenblick, als ich mich aus plötzlicher Angst zu erfahren, wo es sein wird, wehrte, verlor ich die Wahrnehmung.

In der Bibel bei Math. 14,28-31 erging es Petrus ebenso, als er auf dem Wasser zu Jesus gehen wollte. Als er Angst bekam, konnte er nicht mehr weiter gehen und wäre ertrunken, hätte ihn Jesus nicht gerettet.

Nach dem Unglück in Kaprun habe ich mit einigen Menschen darüber gesprochen, da ich ein schlechtes Gewissen hatte, nicht davor gewarnt zu haben. Wir kamen zu dem Schluss, wenn ich genau die Stelle und den Zeitpunkt sagen hätte können, hätte man mich nicht ernst genommen. Die Leute wären trotzdem gefahren. Da kann man doch Gott nicht dafür verantwortlich machen. Außerdem bin ich der Meinung, dass alles einen Sinn hat, wir sehen ihn nur nicht immer gleich. Was es für einen Sinn haben sollte, dass Kinder ihre Eltern verlieren? Können wir es überblicken, wie das Leben, Sterben und der Tod oder das Danach verlaufen würde, wenn die Eltern leben würden? Das weiß nur Gott!

Vielleicht erfahren wir den Sinn noch im Leben, aber oft erst nach dem Tod und ich finde das ist gut so. Gott weiß wohl auch dabei warum.

Zum Dritten möchte ich sagen, dass es Gott zum Leid, immer wieder die schlimmen Ereignisse und Erfahrungen sind, die uns zu ihm flüchten lassen. So wenige Menschen kommen auf die Idee, Gott für das Gelungene, für jede schöne Erfahrung zu danken. Wir nehmen alles für selbstverständlich, was es aber nicht ist. Man sollte hinterfragen, wie oft Gott die Menschen gerettet hat, bevor er ein Unglück zugelassen hat. Noch einmal bin ich bei der Antwort meiner Tochter: „Die Menschen vergessen, dass das Leben nicht alles ist." Also ist meine Meinung: „Nur Gott weiß warum."

Ich glaube, dass wir Menschen Gott nicht für menschliches Versagen verantwortlich machen dürfen. Gott hat weder Dämme wie in New Orleans gebaut noch Flüsse wie in Österreich versetzt oder Wälder abgeholzt, um Schiterrassen freizumachen. Er hat auch keine Hubschrauber oder Seilbahnen erzeugt. Das tun alles wir Menschen, daher sind diese Katastrophen immer vom Menschen hervorgerufen.

Und wenn sie jetzt sagen: „Aber Wirbelstürme, Tsunami und Erdbeben, sowie Vulkanausbrüche und Unwetter sind doch von Gott produziert", gebe ich ihnen recht. Wir müssen nur bedenken, wenn wir nicht immer wieder die „Nabelschnur zu Gott" durchtrennen würden, würden wir so leben, dass uns kein schweres Leid dadurch zugefügt würde. Wir würden Katastrophen fühlen, wie es wahrscheinlich die Neandertaler noch fühlten und wie es Tiere heute noch tun. Ich erinnere mich an die Sonnenfinsternis im Jahr 2000. Damals war ich mit meinen beiden Töchtern im Park vor unserem Haus, aus dem wir sonst fröhliches Vogelgezwitscher hören. In der Zeit der Finsternis war alles muxmäuschenstill.

Einige Wochen vor dem Hochwasser 2002 fühlte ich es, konnte mir aber nicht vorstellen, dass es wirklich so ein Ausmaß wie ich es fühlte, in Niederösterreich in der Nähe von Wien geben kann. Aber genau das meine ich. Wir nehmen Gott nicht mehr wahr. Das heißt, das was wir fühlen, nehmen wir nicht für die Wahrheit, wir nehmen es nicht ernst. Wir haben uns vom Göttlichen zu weit entfernt.

Gott sei Dank, fangen immer mehr Menschen wieder an, Gott besser wahrzunehmen. Beim Dammbruch in New Orleans musste ich an Noah denken. Er ist das Beispiel. Er nahm seine Vision als Gottes Gebot wahr und rettete dadurch sein Leben und das seiner Familie, in dem er ein Boot baute als noch kein Wasser in Sicht war. Wenn wir uns Gott hingeben würden, würden wir unsere Häuser nicht zu nah am Wasser und in gefährdeten Regionen bauen usw. Ich glaube, durch den Fortschritt unseres Wissens in Forschung und Technik, übergehen wir Gott. Gott aber setzt uns immer wieder Grenzen, wie beim Turmbau zu Babel.

Da bin ich wieder bei meiner Tochter, die meinte als alle fragten, warum lässt Gott das zu: „Die Menschen vergessen, dass das Leben nicht alles ist." Ich bin der Meinung, wir leben, um zu sterben. Das heißt, wir sollten unser Leben so leben, dass es uns im Jenseits zum Segen gereicht. Denn das Paradies sollte unser Ziel sein.

Ich bin überzeugt, durch die Begegnung mit dem Tod oder einem Leid, erhalten wir die Fähigkeit den Sinn des Lebens besser verstehen zu lernen. Gott ermahnt uns zur Besinnung, zur Sinnfindung oder neuerlichen Orientierung unseres Lebens. Ein erfülltes Leben bedeutet nicht nur, Partys, Discos, One-Night-Stands, Reisen und Hollodrio. Ich glaube, dass alles in Maßen genossen werden sollte. Vor Allem, dass es auch eine Zeit der Besinnung, des Dankens und eine Zeit zum Gutes tun, geben soll, damit es uns im Tod gut geht. Der dauert nämlich ewig, und die Ewigkeit ist lange. Das Leben ist im Vergleich mit der Ewigkeit ein winziger Funke.

Jeder, der mehr als das Existenzminimum verdient oder einnimmt sollte ein Zehntel seines Einkommens für Menschen geben, die weniger als das Existenzminimum zur Verfügung haben. Ich tue es, muss aber immer darauf bedacht sein, nicht missbraucht zu werden. Es ist leider so, dass oft die Menschen, welche keine Not haben, die „Hand aufhalten".

Sind die heiligen drei Könige weise?

Die Heiligen Drei Könige waren Astrologen und Weise. Wenn sich jemand auf Grund eines anders aussehenden Sternes und zu damaligen Reisebedingungen, auf so eine Reise einlässt, muss er schon sehr demütig und weise sein.

Von den Dreien hatte jeder für sich die Wahrnehmung des Sternes und ist auf Wanderschaft gegangen.

Sie hatten sich nicht vorher miteinander abgesprochen. Nicht telefoniert oder ein Email geschickt. Sie haben sich auch nicht bei einer Bus- oder Bahnhaltestelle oder am Flughafen verabredet.

Sie haben sich auf die göttliche Führung eingelassen. Und sie haben den Traum ernst genommen.

Auch wir sollten unsere Wahrnehmungen und Träume ernst nehmen. Gehen wir dem nach, wie die Heiligen Drei Könige dem Stern, dann können wir Gutes bewirken und vielleicht die Welt verändern.

„20-C-M-B-13" ist nicht die Abkürzung der Vornamen von Caspar, Melchior und Balthasar, sondern von „Christus mansionem benedicat" und heißt auf Deutsch: „Christus segne dieses Haus".

Ich bitte:
             „Gott segne die Erde."

Die Krüge

Ein gewünschter Bericht an die „Christen der Friedensbewegung".

Ich möchte keinen nüchternen Bericht über den Infostand von den „Christen der Friedensbewegung" bei der Kirchenvolks-Versammlung im Juni 96 in Linz abgeben, sondern ich möchte Euch von meinem Erlebnis an diesem Tag erzählen.

Um 6 Uhr früh, für mich am Sonntag eine nachtschlafende Zeit, stand ich auf, damit ich mit dem 8 Uhr 20 Zug nach Linz fahren konnte. In Linz angekommen, holte ich mir die Nummer für den Stand und hatte noch Zeit, um an einer Arbeitsgruppe teilnehmen zu können. Es gab die Gruppen:

A Aufbau einer geschwisterlichen Kirche
B Volle Berechtigung der Frauen
C Freie Wahl zölibatärer Lebensform
D Positive Bewertung der Sexualität
E Frohbotschaft statt Drohbotschaft
Ich wählte das Thema: „Frohbotschaft statt Drohbotschaft."

Wie schon des Öfteren traf ich wieder Dr. Klaus Heidegger. Wir waren ca. 200 Personen in dieser Gruppe und teilten uns in Kreise zu je 10-15 Personen auf. Wenn ich heute darüber nachdenke, bin ich der Meinung, dass das alles schon Fügung war. Klaus und ich befanden uns im selben Kreis. Da wir aber in diesem Arbeitskreis so wenige Personen waren, gingen alle weg von uns, bis Klaus und ich übrigblieben. Ich fragte Klaus, ob wir uns auch, wo anders dazu setzen sollten. Klaus sagte nur: „Bleib hier." „Ja" meinte ich „15 Personen sind sowieso zu viel, da ist es besser zu uns kommen Leute dazu." Klaus holte welche von anderen Kreisen. Wir wurden schließlich ein Kreis von 8 oder 9 Personen. Frau Petrik von der Katholischen Aktion, die ich von einigen Fernsehauftritten kannte, war auch in diesem Kreis.

Wir hatten die Aufgabe aus der Bibelstelle Joh. 4 „Jesus spricht mit einer Samariterin am Jakobsbrunnen", eine Frohbotschaft an alle Mitchristen zu formulieren. Es kamen einige Vorschläge. Die Entscheidung konnte ich nicht abwarten, da ich früher wegmusste, um den Infostand zu dekorieren. Mein Stand sollte am Taubenmarkt sein, aber da gab es keinen Tisch.

Unsere Freunde von Pax Christi machten mir das Angebot, mit ihnen den Tisch im Ursulinenhof zu teilen. Ich konnte sie überzeugen, da wir beide, Pax Christi und Christen der Friedensbewegung, das gleiche vorhatten, nämlich Unterschriften zu den Themen; Minen und Neutralität zu sammeln, dass es besser mit einem zweiten Tisch am Taubenmarkt wäre. Martin T. und ein zweiter junger Mann trugen mir ganz einfach einen Heurigentisch zum Taubenmarkt.

Zwei Stunden stand ich, um Unterschriften gegen Personen-Minen und für Neutralität zu sammeln. Die Entschuldung konnte ich vergessen, weil die Leute mit den zwei Problemen schon überlastet waren. Wahrscheinlich auch ich.

Einige von Euch haben mir einen kurzen Besuch abgestattet. Vjeko brachte mir sogar einen Kaffee. Allein war ich den Anfechtungen und verschiedenen Meinungen ausgesetzt, aber ich hielt mich tapfer.

Von einigen unserer Friedensfreunde wurde ich nach den zwei Stunden, nachdem Martin den Tisch wieder zurückgebracht hatte, über den Erfolg gefragt. Ich beteuerte, dass schade um die Zeit war, mager das Ergebnis, nur 43 Unterschriften gegen Personen-Minen und noch weniger für die Neutralität.

Als ich bei der Kundgebung am Hauptplatz den Tag überdachte, überlegte ich ob es nicht besser gewesen wäre, ich wäre zu Hause geblieben und hätte mich ausgeruht. Am Vortag hatte ich mit einem Freund eine Wanderung gemacht und meine Beine schmerzten noch. Außerdem hatte ich nur den einen Kaffee im Magen. Es war inzwischen 17 Uhr 30 geworden. Ich glaube, ich war mit meinen Gedanken noch nicht am Ende, als mir Gott die Antwort gab. Laut hallte sie über den Platz. Ich war wie vom Blitz getroffen. Die Leute sagen, seit zweitausend Jahren, hat Gott nicht mehr zu den Menschen gesprochen. Aber das war eindeutig die Antwort auf meine Frage, ob es nicht überhaupt sinnlos ist, mich für Friede, Gerechtigkeit, Bewahrung der Schöpfung und der Menschenwürde einzusetzen. Die viele Zeit die ich dafür aufwende! In dieser Zeit könnte ich mich vergnügen oder ausruhen.

Die Antwort hieß:
„Wasser ist für alle da, wir sind die Krüge?!"

„Wir sind die Krüge!!!" Dieser Teil des Satzes stammte von mir. Er war mein Beitrag zur „Frohbotschaft".

Einige Stunden vorher, wurde diese Formulierung von mir ausgesprochen. Ich bin einer der Krüge, das war die Antwort und ich erkannte wieder den Auftrag den Gott mir erteilte.

Das kraftspendende Wasser. Wasser ist zum Überleben wichtiger als Speisen.

Ich bin ein Krug - ich schöpfe Kraft - ich schöpfe Kraft von Gott - ich schöpfe Kraft durch die Lehre Jesus.

Ein Krug ist nicht bestimmt den Inhalt aufzubewahren, sondern auszuschenken, zu verteilen - weitergeben - Kraft weitergeben - an Menschen, die dieser Kraft bedürfen. An ausgegrenzte - an am Rande stehende - an verzweifelte - müde - oder mutlose Mitmenschen.

Es gibt Krüge, die sind außen verziert, bemalt und sehen wunderschön aus, aber enthalten nur Lacke. Andere Krüge sehen äußerlich unscheinbar aus, doch sie enthalten ein köstliches „Nass". Wieder andere Krüge sind schon beschädigt, haben einen Sprung oder sind abgeschlagen, trotzdem verteilen sie noch erquickendes Wasser.

Wir sind die Krüge. Ich danke Gott für diese Antwort und werde in Zukunft mit Freude SEIN KRUG sein. Mit der Bitte an ihn, dass mir die Kraft nie ausgeht und mich immer wieder füllt. Dass ich - der Krug - nicht zerbreche und Gottes Kraft weitergeben darf.

Die Affentheorie

Ich kann die Meinung mit Charles Darwin, dass der Mensch vom Affen abstammt nicht teilen. Da müsste es auch jetzt immer wieder Menschen geben, die von Affen geboren werden. Oder sollte gerade der Affenstamm ausgestorben sein, aus welchem wir Menschen abstammen?

Auch die Schöpfungsgeschichte ist eine Erzählung. So wie ich mir oft Gedanken mache, woher kommen wir Menschen, haben das die Schreiber des Alten Testamentes wahrscheinlich auch gemacht und eine vermeintliche Erklärung dafür gefunden. Außerdem könnte ich mir vorstellen, dass Väter oder Mütter diese Geschichte als Erklärung für ihre Kinder erfunden haben.

Nachdem es aber keinen Menschen gibt, der wissen könnte wie wir Menschen entstanden sind, akzeptiere ich den Schöpfungsbericht, wie das Wort sagt als Bericht, auch wenn es kein Bericht ist.

Franz Jägerstätter
Märtyrer, Familienvater
Gedenktag: 21.Mai
SELIGSPRECHUNG
Am Nationalfeiertag den 26 Oktober 2007 wurde Franz Jägerstätter im Mariendom Linz seliggesprochen.

Es ist schon viele Jahre her, als mein Vater und ich das erste Mal von Franz Jägerstätter und seiner Wehrdienstverweigerung hörten.
Wir setzten uns mit den Fragen auseinander: „War Franz Jägerstätter wirklich so sehr auf Gott fixiert, oder feige." Und: „War es falsch, wie ich gehandelt habe?" fragte mich mein Vater. Wir besprachen für und wider.
Für mich war der ausschlaggebende Trost für meinen Vater der, dass er bei der Sanität war und oft Kameraden noch im Kugelhagel „verpflegt" hatte. Er hätte den Krieg nicht verhindern können, aber er konnte vielen Menschen helfen und für sie in großer Not da sein. Er selbst wurde verwundet und hat auch nach dem Krieg in unserem Ort bei Menschen Erste Hilfe geleistet, bis der Arzt aus dem Nachbarort zur Stelle war.
Mein Vater konnte es annehmen, dass der 2. Weltkrieg für Österreich und Deutschland kein Verteidigungskrieg war, sondern Angriff auf andere Länder. Mir ist klar, dass ihm das zur Zeit des Krieges nicht bewusst war.

Mir war auch klar, dass ich zur Seligsprechung fahren muss, um die Energie aufzunehmen, die bei solchen Anlässen frei wird. Ich wollte mir Kraft von der auslösenden Kraft durch Franz Jägerstätter holen.

Vor einigen Jahren war ich in St. Radegund und Ostermiting, da konnte ich auch mit seiner Frau Franziska und Erni, die Frau, die vor Jahren „den Stein (Jägerstätter) ins Rollen gebracht hat", reden.

Ich fuhr mit der Bahn zur Seligsprechung. Im Zug holte mich ein Friedensfreund aus einem stickigen vollbesetzten Abteil und nahm mich mit in den Speisewagen, wo Peter, ein weiterer „Friedensbewegter" einen Tisch reserviert hatte. Wie im Flug verflog die Zeit durch Gespräche und Alois, einer der beiden Männer kannte sich in Linz gut aus, was für mich erleichternd war. Als wir den Dom betraten, wurde gerade der Brief vorgelesen, der jetzt die Reliquie ist. Sofort war ich in den Bann gezogen. Was bis zum Schluss der Seligsprechung war, will ich hier nicht ausbreiten, aber ich will über das Wertvollste, das ich erlebt habe, berichten.

Weil ich starke Fußschmerzen bekam, setzte ich mich nach einiger Zeit auf eine Bank, auf der ich allein war, weil man von da aus, das Geschehen nicht mit den Augen verfolgen konnte, sondern nur hören. Für mich war es aber der richtige Platz, um das Bild von Franz Jägerstätter sehen zu können und auf einem Bildschirm den Hergang des Gottesdienstes verfolgen zu können. Dadurch aber habe ich den Alois verloren. Peter wartete schon vorm Dom. Zwei Mal ging ich zurück in den Dom, fand aber Alois nicht. Also verabschiedete ich mich von Peter und ging wieder zurück zum Altar und setzte mich in die Nähe der Reliquie.

Ich fühlte mich in die letzten Stunden des Franz Jägerstätters ein, (was mir durch die momentane Ausbildung: Systemaufstellungen nach Bert Hellinger, noch leichter fällt als früher) und glaube, ich habe wahrgenommen, was er gespürt, gefühlt und wahrgenommen hat.

Es war tiefer Friede, der sein Herz erfüllte!

Er war überzeugt, dass es Gott war, der von ihm dieses und kein anderes Verhalten erwartete.

Daher gab es für ihn keine Angst!
Er glaubte, seine Frau Franziska und die Kinder wären durch den Glauben an Gott getragen und durch die kleine Landwirtschaft versorgt.

Das gab ihm die Ruhe bis in die Spitzen der Nerven.

Dem Sekretär der Wiener Friedensbewegung mailte ich am nächsten Tag diesen Kurzbericht und schrieb: „Andreas, Du kannst Dir nicht vorstellen, welch wunderbares Gefühl, das war."

Irische Segenswünsche

Leuchtender Segen!
Einen strahlend leuchtenden Segen wünsche ich Dir,
Licht von außen und von innen.

Die Sonne möge dich überstrahlen und
Dein Herz erwärmen,
bis es glüht wie ein großes Feuer,
zu dem der Fremdling gerne kommt, um sich zu wärmen.

Aus deinen Augen möge Licht
voller Glück und Segen strahlen
wie von einer Kerze, die in das Fenster gestellt wird,
damit der Wanderer heimfindet
aus dem Sturm in die Ruhe.

Möge der gesegnete Regen –
der frische, milde, auf dich fallen,
dass ringsum die Blumen hervorsprießen,
um mit ihrer Schönheit die Welt zu erfüllen.

Möge der Segen der Erde –
der guten, reichen Erde - bei Dir sein.

Einmal soll Deine Seele leicht und unbeschwert
wie ein Strahl von Licht aus der Tiefe sich erheben -
auf und davon –
zur Höhe, zum Licht, zu Gott.

Meine weiteren Bücher:

„Ich helfe Dir Deine Trauer zu lindern"
Unerträglichen Schmerz in Süße oder Liebesgefühle umwandeln
ISBN: 9 783734 737015

„Tod Krone des Lebens"
Erfahrungen meiner eigenen Nahtoderlebnisse und anschließend als
Sterbebegleiterin
ISBN:9 783734 765674

„Lebensfreude Schatz des Regenbogens"
Obwohl die Seele unsichtbar ist, macht sie doch den Menschen aus
und ist Großteils für unsere Gesundheit verantwortlich
ISBN: 9783751906272

„Wunderbares Unterbewusstsein"
Gesundheitsfördernde Alternative Methoden,
Wahrnehmungen, Eingebungen, Wunder
ISBN: 9 783751 959117

„Menschen jeden Alters begleiten"
Anregungen für Familienangehörige, Lebens-, Sterbe-,
Trauerbegleiterinnen und Begleiter
ISBN: 9 783751 957830

"Engel Jenseitsbotschaften und Anderes Außersinnliche"
Erfahrungen einer Lebens-, Sterbe- und Trauerbegleiterin
ISBN: 9 783732 235650

Literaturnachweis

Wikipädia
Toshi Maruki: Das Mädchen von Hiroshima
Antoine de Saint-Excupery: Der kleine Prinz
Michaela und Edmund von Wallander

Abkürzungen
HdF : Arbeitsgemeinschaft Haus des Friedens
APM : Anti-Personen-Minen
NGO: Non Governmental Organizationen
(Nichtregierungsorganisationen)